こうぶんエデュ

子どもがわかる！ たのしい！ 算数授業

数学的活動を通した深い学びのつくり方

編著 盛山隆雄
筑波大学附属小学校教諭

著 盛算研

すべての事例に
盛山先生のコメント・解説つき！

- 全学年対応 **24** 事例
- 板書の流れがよくわかる

はじめに

　実践的な研究をする場合は，仲間がいた方がいいと考えています。なぜなら，文献から情報を得るのではなく，子どもたちを相手にした数多くの実践から情報（データ）を集める必要があるからです。

　そう考えていたときに，山陰の情熱溢れるメンバーと出会うことができました。私が鳥取県出身ということもあって，故郷で活躍する先生方と交流したいという思いをもっていましたので，願ったり叶ったりの出会いでした。

　やがて「盛算研」が立ち上がり，本格的に教材や指導法についての研究が始まりました。毎回ではありませんが，私も月例会や合宿の勉強会に参加して，共に汗をかいてきました。テーマを設定して，互いの実践を持ち寄っての議論は毎回白熱しました。なぜそこまで熱心になれたかというと，学ぶ子どもたちの前に立つには，教師も同じ学びの世界に身を置くことが大切であると考えているからです。盛算研のメンバーは，筑波大学附属小学校で行われる研究会など，東京で行われる様々な研究会にも参加しており，多くの情報を得ながら研究を続けています。

　盛算研の特長の1つは，おもしろい教材開発ができるところです。子どもたちが喜んで取り組むような算数の問題やゲームをつくり，子どもたちを夢中にさせてきました。

　そのような子どもの姿は，数学的活動に活かせると考え，このような本をつくることになりました。教材を工夫することで，子どもの問いを引き出し，夢中になって考えさせること。そして，考えたことを振り返り，また新たな問題を見つけたり，新たな見方や考え方を獲得したりさせること。こういった一連の数学的活動について，実践を基にご提案することが本書の目的です。

　新しい学習指導要領が2020年4月から実施されます。学校現場では，「数学的活動」などの様々なキーワードに対しての戸惑いが多いかと思いますが，先生方の知恵と工夫によって乗り越え，子どもたちが笑顔で学べるようになることを願っています。そのために，本書がお力になれたら幸いです。

　最後になりましたが，本書を出版するにあたり，多大なるご尽力をいただきました光文書院の矢野太郎様，山口菜美様，呉千春様に心から感謝を申し上げます。

2018年7月　筑波大学附属小学校　盛山隆雄

子どもがわかる！ たのしい！ 算数授業

数学的活動
を通した
深い学びのつくり方

はじめに …………………………………… 2
目次 ………………………………………… 3

第1章
数学的活動とは何か
―子どもが算数の学び方や楽しさを得るために― ……… 6

第2章
深い学びを実現する算数授業 ………………… 12

第3章

1年
くりさがりのあるひきざん ………………… 18
3つのかずのけいさん ……………………… 22
かたちあそび ………………………………… 26
ながさくらべ ………………………………… 30
コラム いくつといくつ・たしざん ………… 34

2年
たし算とひき算のひっ算 …………………… 36
かけ算 ………………………………………… 40
三角形と四角形 ……………………………… 44
時こくと時間 ………………………………… 48
コラム 長方形と正方形 ……………………… 52

3年
1けたをかけるかけ算の筆算 ……………… 54
2けたをかけるかけ算の筆算 ……………… 58
三角形と角 …………………………………… 62
ぼうグラフ …………………………………… 66
コラム たし算とひき算の筆算 ……………… 70

4年
2けたでわるわり算の筆算 ………………… 72
分数 …………………………………………… 76
面積 …………………………………………… 80
角の大きさ …………………………………… 84
コラム 大きい数 ……………………………… 88

5年
分数のたし算とひき算 ……………………… 90
図形の角 ……………………………………… 94
速さ …………………………………………… 98
平均 …………………………………………… 102
コラム 正多角形と円 ………………………… 106

6年
分数のかけ算 ………………………………… 108
対称な図形 …………………………………… 112
比 ……………………………………………… 116
場合の数 ……………………………………… 120
コラム 分数のかけ算 ………………………… 124

おわりに ……………………………………… 126

3

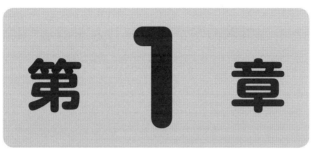

数学的活動とは何か
−子どもが算数の学び方や楽しさを得るために−

数学的活動とは何か

－子どもが算数の学び方や楽しさを得るために－

筑波大学附属小学校　盛山隆雄

1．算数科の目標と数学的活動

　数学的活動という言葉は，2017年3月に告示された学習指導要領の算数科の目標に登場しました。

　小学校算数科の目標は，次の3つの柱に基づいて示されています。

(1) 生きて働く知識及び技能の習得

(2) 未知の状況にも対応できる思考力，判断力，表現力等の育成

(3) 学びを人生や社会に生かそうとする学びに向かう力，人間性等の涵養

　この3つの数学的に考える資質・能力全体を「数学的な見方・考え方を働かせ，**数学的活動を通して**」育成することを目指すことが，目標の柱書きに述べられています。

　「数学的活動を通して」育成する，と聞くと，数学的活動とは，算数を学ぶための方法であると捉えられますが，実は数学的活動をすること自体を学ぶという意味で，数学的活動は，算数の内容でもあるのです。

　数学的活動は，算数を学ぶプロセスです。つまり，「数学的活動を通して」育成するということは，算数の学び方を学ばせることも目標になっているのです。

　小学校学習指導要領解説算数編では，数学的活動について次のように述べられています。

> 事象を数理的に捉えて，算数の問題を見いだし，問題を自立的，協働的に解決する過程を遂行すること

> 問題解決の過程や結果を振り返って，得られた結果を捉え直したり，新たな問題を見いだしたりして，統合的・発展的に考察を進めていくこと

引用文献：小学校学習指導要領（平成29年告示）解説算数編23頁

　上の数学的活動に関する文言を読みますと，算数は問題解決の授業を通して学ばせることが前提ということになります。教師が説明に終始したり，ドリルばかり子どもにやらせたりする授業は，算数科の目標に反することになるのです。

2．問題解決の授業と数学的活動

　問題解決の授業自体は，現場教師にとって特に新しいことではありません。教科書の指導書にも基本的には問題解決の形の授業展開が紹介されています。したがって，多くの教師がすでに問題解決の授業をしていると考えてよいのではないでしょうか。

　では，数学的活動という新しい概念を入れることで，何が変わるのでしょうか。解説にある言葉の要点だけを取り出しますと，算数の授業では次の3つの問題解決のプロセスを子どもたちに経験させようということになります。

(1) 問題を見いだす。

(2) 問題を解決する。

(3) 結果を振り返る。

　今までの算数の問題解決の授業と比較して違いがあるとすれば，問題解決の授業の入口と出口を強調している点にあります。

　これまでの問題解決の授業は，どうやって全員に解決させるかに主眼が置かれており，問題解決までのプロセスを重視してきました。教師は，どのようなヒントを出すか，個々の子どもの思考にどう対応するかといったことを考えることに時間を割いてきたのです。

　一方で，問題は教師から与えるもの，そして答えが出たら適用題を解かせて知識や方法でまとめるといった授業の形が多かったように思います。子どもに問題を見いださせるとか，答えを出した後に振り返って何かをするという発想は，一般の授業ではあまり見られなかったのではないでしょうか。

　このように考えると，数学的活動というキーワードの登場は，問題解決の授業の入口と出口の在り方に一石を投ずることになります。問題解決の授業を変える力をもつ概念といっても過言ではありません。

3．数学的活動の2つの道筋

　数学的活動には，大きく分けて2つの道筋があります。その道筋は，小学校学習指導要領解説算数編にも説明され，図示されています。

　問題を見いだすときは，日常の事象から問題を見いだす場合と，算数の学習場面から問題を見いだす場合とがあります。

　問題解決を図り，結果が出た後の道筋も2通り述べられています。1つは日常の問題場面に戻すということです。算数を使って考察したことを，日常生活に活用したり，日常の文脈に戻して考察したりします。もう1つは，算数の学習場面に戻すということです。結果を統合的・発展的に考察し，学習した内容を関連づけてまとめたり，次の算数の内容につながる課題を見いだしたりします。

　これらのことは，解説に掲載される図からも読み取ることができます。

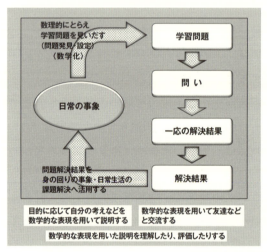 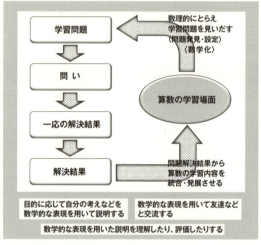

小学校学習指導要領（平成29年告示）解説算数編73頁の図を参考に光文書院で作成

4．盛算研としての数学的活動の捉え

　ここで1つ思い出していただきたいのは，「算数的活動」です。

　2008年告示の学習指導要領では，算数的活動について次のように記述されていました。

> 児童が目的意識をもって主体的に取り組む算数にかかわりのある様々な活動

引用文献：小学校学習指導要領解説算数編（平成20年8月）8頁

　算数的活動は，「主体的に取り組む」活動ということが強調されていました。子どもが受け身にならないで，自ら課題をつくって活動するようなイメージです。作業的・体験的な活動などの算数的活動は，数学的活動が意図する問題解決のプロセスの中に位置づくことになります。

盛算研は，算数的活動が強調していた子どもが主体的に取り組む姿を大切にしたいと考えています。子どもが自ら動き出すような算数授業，子どもが夢中になって取り組むような算数授業をどうつくればよいでしょうか。

　そう考えたとき，ポイントは「子どもの問い」にあると考えました。前項目にある，数学的活動の道筋を示した図には，学習問題の次に「問い」という段階が位置づけられています。学習問題に出合った後に，教師が子どもの問いを引き出し，それをクラス共通のめあてにすることで，子どもの主体的に取り組む態度を引き出すことができるのです。

　盛算研は，その「問い」の段階を大切にしたいと考え，下図のようなプロセスを提案しました。各段階では，数学的な見方・考え方を働かせることを意識しています。

　しかし，この問題解決の段階は，順番になされるとは限りません。また，1授業でこのサイクルが必ず1回行われるというわけでもありません。内容によっては，このプロセスのある部分が強調される授業もあるでしょうし，小刻みに2回繰り返されることもあると考えています。

　算数の内容や子どもたちの反応によって柔軟に展開していくことが期待されるのです。

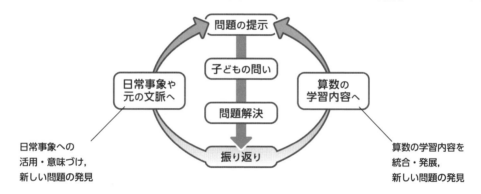

　第3章には，数学的活動を意識した盛算研のメンバーの多くの実践がまとめられています。それらの実践が上図のどの部分を示すのか，また，どこを強調したのかを，各実践に示しているので参考にしてください。

　盛算研では，特に計算単元の習熟の課題について熱心に研究した時期があり，多くの研究発表を行ってきました。それらの実践には，計算の結果を出した後に，その結果を振り返り，統合的・発展的な考察をするパターンが多くあります。また，なぜそうなるのかを説明する演繹的な思考を働かせる場合もあります。

　多くの時間を計算の学習に費やす算数科では，この計算の習熟をどう行うかが課題でした。その課題をクリアする数学的活動の提案という観点からも，第3章をご覧いただければ幸いです。

第2章

深い学びを実現する算数授業

深い学びを実現する算数授業

筑波大学附属小学校　盛山隆雄

1．アクティブ・ラーニング登場の経緯

　2014年11月，文部科学大臣が「初等中等教育における教育課程の基準等の在り方について（諮問）」を中央教育審議会に向けて発しました。「新しい時代にふさわしい学習指導要領等の在り方」について検討してほしいというこの諮問によって，それまで主に高等教育の分野で語られることが多かった「アクティブ・ラーニング」という言葉が，初等中等教育の分野に下りてくることになりました。

　この諮問に対して，2015年8月に中央教育審議会初等中等教育分科会の「教育課程企画特別部会 論点整理」がとりまとめられました。

　そこでは，育成すべき資質・能力があり，またその資質・能力を育むためには，学びの量，質，深まりが重要であるとされています。さらに，その学びの質の向上や深まりのために，「課題の発見・解決に向けた主体的・協働的な学び（いわゆる「アクティブ・ラーニング」）」が有効であることが述べられています。

　続いて，2016年8月には，中央教育審議会初等中等教育分科会教育課程部会より「次期学習指導要領等に向けたこれまでの審議のまとめ」が発表されました。そこでは，算数科・数学科の「学習・指導の改善充実や教育環境の充実等」のところで「主体的・対話的で深い学び」の実現について触れられています。「協働的な学び」が「対話的な学び」という文言に変わったことが特徴的ではありますが，目指すところに大きな変わりはないようです。

2．算数科・数学科における深い学び

　アクティブ・ラーニングにあたる3つの学び（「主体的・対話的で深い学び」）について，算数科・数学科では次のように整理されています。

＜主体的な学び＞

児童生徒自らが、問題の解決に向けて見通しをもち、粘り強く取り組み、問題解決の過程を振り返り、よりよく解決したり、新たな問いを見いだしたりするなどの「主体的な学び」

＜対話的な学び＞

事象を数学的な表現を用いて論理的に説明したり、よりよい考えや事柄の本質について話し合い、よりよい考えに高めたり事柄の本質を明らかにしたりするなどの「対話的な学び」

＜深い学び＞

数学に関わる事象や、日常生活や社会に関わる事象について、「数学的な見方・考え方」を働かせ、数学的活動を通して、新しい概念を形成したり、よりよい方法を見いだしたりするなど、新たな知識・技能を身に付けてそれらを統合し、思考、態度が変容する「深い学び」

引用文献：中央教育審議会初等中等教育分科会教育課程部会「次期学習指導要領等に向けたこれまでの審議のまとめ」

3．深い学びと学習指導要領

「主体的・対話的で深い学び」が現れた経緯について整理してみましたが，果たして学校現場における，算数の授業で実現することは可能なのでしょうか。この問いに対して，簡単にＹＥＳと答えることはできません。

なぜなら，今回の学習指導要領の改訂では，教える内容が大幅に増減したり，変更されたりするわけではないからです。内容を身につけさせること以上に，内容の指導を通してどのような資質・能力を育てるか，というねらいについての考え方にこそ変更があると捉えています。また，その指導の仕方としてアクティブ・ラーニングを薦めています。これは，ある意味では大きな改革だと思います。

要するに，今回の学習指導要領の改訂は，目標と方法の変更が主な趣旨だということです。そのためには，より一層の教師の理解と指導のための努力が必要になります。

教科書を見れば教える内容は分かりますが，何をねらいにするか，どのように教えるか，は書いてありません。解説や指導書などを読んで，一人ひとりの教師がじっくり考えることが大切になります。

たとえば，対話的な学びをしようとして，ペアをつくって話をさせる指導がよく見られます。形として対話が成立していても，よりよい考えや事柄の本質について話をしたかどうかまで考えると実現は簡単ではなく，そのための工夫が必要です。

その工夫は，それこそ教師同士が「自分だったらこうする」といった対話をしながら考え，教材や子どもについての理解を深めることで生まれます。アクティブに学ぶ教師の姿こそ「主体的・対話的で深い学び」の実現の絶対的な条件といっても過言ではないと思います。

4．深い学びを実現する授業の条件

深い学びを実現するための授業の条件を，私は次のように考えています。

◆　子どもの問いを課題として授業を展開する。

◆　子どもの誤答などを活かして授業を展開し，子どもの変容こそ授業の成果とみなす。

◆　できる子どもだけの意見で授業を進めないで，全員参加の授業を行う。

◆　知識・技能だけでなく，数学的な見方・考え方という高次の目標に焦点をあてた授業を行う。

◆　数学的に表現したり，数学的な表現を読み合ったりし，見方や考え方を共有する。

◆　答えが出て終わりではなく，次のような振り返りを行う。

①　確かめる。多面的に捉え直す。批判的に考察する。

②　日常の事象に戻して意味づけたり，考察したりする。

③　よりよい解決方法を考える。（洗練）

④　よりよい表現方法を考える。（相手意識）

⑤　ほかの考えや既習と統合する。

⑥　問題を発展させて考察する。

⑦　日常の問題や未知の算数の問題に活用する。

⑧　①〜⑦のことを考える中で，新しい課題を見いだす。

大切なことは，深い学びは，教師が与えるものではないということです。子どもたち自身が自ら獲得しようとしなければ身につくものではありません。私たち教師は，子どもを水辺に連れて行くことはできても，水を飲ませることはできないのです。水を飲むのは，子どもたち自身です。

そう考えたとき，いくら算数の内容を「よく考えなさい」「こう考えることがポイントですよ」と子どもに教えても，それだけでは意味がないことが分かります。

繰り返すようですが，大切なのは，子どもたちが考えたくなる環境をつくることです。それが教師の仕事です。その立場から，深い学びを実現する授業の条件を考えることが大切だと考えています。

5．深い学びをつくる問題提示や発問の技術

前項目で述べたような深い学びを実現する授業の条件を知っていても，それだけでは授業はできません。さらに具体的な方法について考えておく必要があります。

例えば，子どもの問いを引き出すためにどのような問題提示の工夫をすればよいでしょうか。これだけでも奥が深く，多様な方法を考えることができます。いくつか例を挙げてみま

しょう。

（1）問題提示の工夫

　問題提示については，例えば次のようなしかけによって，子どもを問題に関わらせることが大切になります。問いを引き出し，主体的に考えようとする態度をもたせることが目的です。

　　ア．数値や場面を隠す。　　　　イ．場面を動かす。
　　ウ．比較の場面にする。　　　　エ．考察の対象をつくる。
　　オ．オープンエンドにする。　　カ．不思議な事象を見せる。
　　キ．間違いを提示する。

※第3章では，これらの問題提示の手法を用いた実践例がありますので，参照してください。

（2）発問の工夫

　発問には，主発問と補助発問があります。主発問は，予め教師が用意するものです。しかし，補助発問は，子どもの反応を見ながら，その場で臨機応変に発していくものです。

　この補助発問のことを，私は「問い返し発問」と呼んでいます。子どもの反応に対して，下のような問い返しをすることによって，驚くほど子どもの思考を引き出すことができ，授業を深い学びに導くことができると考えています。

　　ア．意味を問う。　　　　　　　イ．理由・根拠を問う。
　　ウ．続きを問う。　　　　　　　エ．ヒントを問う。
　　オ．ほかの表現を問う。　　　　カ．否定的に捉える。
　　キ．肯定的に捉える。

※**カ**は正答に対して「偶然じゃないのかな？」，**キ**は不十分な考えに対して「いつでも使えるね」などと返す発問です。
　これらの発問についても，第3章で紹介する実践の中に示されていますので，参照してください。

6．子どもに寄り添うことで実現する深い学び

「子どもがより算数と仲よくなること」
深い学びをこんなふうに捉えることはできないでしょうか。
相手と関わり，より深く知り，付き合えば付き合うほど相手のいいところが見えてくる。

算数とそんな関係を築かせてあげられたらな，と思います。

　そのためには，オープンマインドが必要で，心を開いて素直な心で算数と接することが重要です。分からないことを素直に言えること，友だちに聞けること，自分の思ったことや考えたことを自由に表現できることなどがそうです。

　そういう態度で算数を学習していれば，子どもたちは一歩ずつ成長していきます。その成長こそが深い学びへのプロセスです。それはまわりと比較することではありません。その子どもがどれだけ伸びたかを評価してあげることが大切なのです。

　日々算数の授業をしている中で，子どもたちをよく観察すると，ちょっとした疑問を解決して喜んでいる子どもがいます。その瞬間こそ，その子どもにとって深い学びができた瞬間だと解釈して，一緒に喜んであげる教師になりたいものです。

　子どもに寄り添って教える教師の姿勢が，子どもの深い学びをつくる土台になると信じています。

1年

授業実践例

第3章

1年
2年
3年
4年
5年
6年

執筆者名 ▶ 中尾 祐子

1年 くりさがりのあるひきざん
「しろとあか,どちらからとる?」

減々法の考えを
うまく子どもから
引き出した授業!

授業のねらい　くり下がりのあるひき算において,減々法で計算する方が簡単な場合があることを知り,具体的に操作しながら計算の仕方を考える。

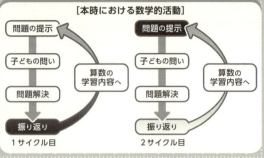
[本時における数学的活動]
1サイクル目 / 2サイクル目

用意するもの　10マスカード(掲示用,白と赤の2種類),マグネット(掲示用),ブロック(児童用)

☑ 授業展開

くり下がりのあるひき算で,減加法を学習した後に,減々法に出合う場面として扱う。

● 問題の提示

T:白と赤2つの箱にボールが入っています。

白の箱　　　赤の箱

C:白の箱にはボールが10個だね。
C:赤の箱にはボールが4個。全部で14個あるよ。
T:では,友だちにボールを2個あげるよ。

> ぼうるが14こあります。
> ともだちに2こあげます。
> のこりはいくつですか。

T:どんな式になりますか。
C:式は14-2だよ。
T:動かしてみるよ。どこから何個とったらいい?
C:白から2個。
T:(黒板の具体物を操作して)白から2個とって……。
C:10-2=8
C:それから,8と4で……。
C:8+4=12になって,答えは12個。

盛山からのコメント

白の箱は「10のまとまり」,赤の箱は「ばら」を表しています。前時から同じ教材を使うことで,スムーズに授業に入っています。箱の中のボールの色を同じにすることで,色という属性ではなく数に着目させていることもポイントです。

直前まで学習していた減加法のイメージが強い子どもたちは,ほかによい方法があるのに,何も考えずに今までと同じ減加法で考えてしまいます。それをうまく利用した導入です。

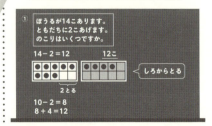

子どもの問い

T：たし算がちょっと難しくなったね。
C：そんなことしなくてもできるよ。
C：そうそう，簡単にできるよ。
C：簡単にってどういうこと？
T：みんなで考えてみようか。

もっとかんたんにできるほうほうはあるかな？

子どもの言葉から問いが生まれています。子どもの問いを基にめあてをつくって全員で共有しているのが，すばらしいです。

問題解決・振り返り

●自力解決の時間をとり，手元のブロックを操作しながら考えさせる。

T：考えたことを発表してみよう。
C：赤の箱から2個とればいいんだよ。
C：ええっ！
T：どうして「ええっ」なの？
C：今までずっと白からとっていたのに……。
C：赤からとったら，12個だってすぐに分かるよ。
C：本当だ！簡単だね。
T：今のことを，式にするとどうなるかな。
C：4−2をして2。10と2で12。
C：白からじゃなくて，赤からとった方が，簡単だね。

「10のまとまり」ではなく「ばら」からとるという新しい見方をここでおさえることで，次の展開へとつながっていきます。

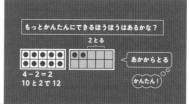

問題の提示・子どもの問い

ぼうるが12こあります。
ともだちに3こあげます。
のこりはいくつですか。

T：どんな式になりますか。
C：12−3だね。
C：白と赤，どちらの箱からとろうかな？
T：白だと思ったら「しろからとる」，赤だと思ったら「あかからとる」とノートに書いて，計算のしかたを考えてみよう。

問題を提示する際に，まったく違う問題ではなく，最初の問題を発展させて出しているのがよいですね。

深い学びのポイント

この授業においては，12−3の問題がメインになります。しかし，いきなりこの問題を扱うと，なかなか減々法を子どもたちから引き出すことができません。メインの問題の前に減々法のイメージをつくる14−2の問題を扱うことで，減々法を引き出す布石を打っています。

● 問題解決

●自力解決の時間をとり，手元のブロックを操作しながら考えさせる。

T：どのように考えましたか？

C：(黒板の具体物を操作して) 白からとると，10から3をとって7，7と2で9になったよ。

C：10－3＝7で，7＋2＝9だよ。

C：(黒板の具体物を操作して) 赤からとってみたよ。赤から2個とって，白から1個とって9個だよ。

T：どうして白から1個とるの？

C：全部で3個とるんだけど，赤から2個をとると，あと1個だけとればいいから，白から1個とったよ。

C：そうそう，2と1で3個とったってこと。

T：赤からとっても，白からとっても，うまくいったね。

C：でも，赤からとった方が簡単。

C：順番にとっていけばいいもんね。

C：白からとる方も，今までと同じだから簡単だよ。

C：でも，時間がかかるよ。今日の問題は赤からとった方が簡単。

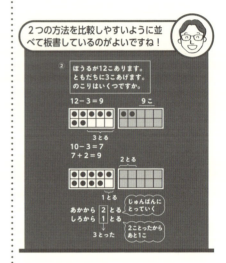

● 振り返り

T：では，今日学習したことを使って，11－2をやってみよう。

C：白からとると，10から2をとって8，8と1で9になったよ。10－2＝8，8＋1＝9。

C：赤からとると，赤から1個，白から1個とって9。簡単だね。

T：今日の学習でどんなことが分かりましたか？

C：今までの白からとる方法だけじゃなくて，赤からとる方法が分かった。

C：白からとると時間がかかったよ。

T：「10のまとまり」ではなくて，「ばら」からとる方が簡単になる場合があるんだね。

今の段階では「白からとる」「赤からとる」といった色を使った表現でもよいですが，いずれ一般化して，「10のまとまりからとる」「ばらからとる」と言えるようにしていきたいですね。

本授業の最終板書

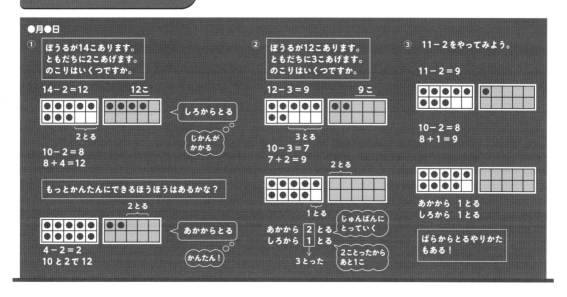

授業を振り返って

これまで学習してある程度習熟してきた減加法ではなく，減々法の方が簡単に計算できる場合があることに気づく授業です。12－3をそのまま扱っても，減々法の考えは子どもからなかなか出てきません。そこで，授業の冒頭にくり下がりのないひき算14－2の課題を設定し減加法でまどろっこしく計算することで，減々法の考えを引き出すようにしています。そうすることで，前時までずっと行っていた減加法で計算するという既習事項を批判的に考察する力を育てることもできます。

また，具体物を操作することにより，減々法のよさを感じることができます。このことが，次時からの減加法と減々法のどちらで計算しようかと考える姿勢につながり，くり下がりのあるひき算を多面的に見る力を育むことができると考えています。

盛山からのコメント

減々法の考えを指導する際にはつい教え込んでしまいがちですが，問題の出し方を工夫することでうまく子どもから考え方を引き出すことに成功しています。ここでの工夫は14－2を先に扱ったことです。いきなり12－3を扱うと減加法以外の考えが出づらいのですが，14－2で「ばらからとる」という見方をおさえることで，12－3という新しい問題でもその見方を使うことができています。とてもうまい授業のつくり方です。

子どもの思考を整理するための板書も大切です。それぞれの計算について，減加法で解いた解き方と減々法で解いた解き方をうまく対比して板書できています。「かんたん」や「じかんがかかる」など子どもたちの言葉とともにまとめているのもすばらしいです。

執筆者名 ▶ 水　華子

1年 3つのかずのけいさん
「おりたのは なんびきかな？」

子どもの問いを見事に引き出した授業！

| 授業のねらい | バスの乗降による増減の様子をとらえ，3口の減法や加減混合の式で表す。 |

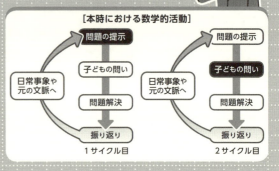

用意するもの　ブロック（掲示用，児童用），バス・バス停のイラスト・グレーの画用紙（掲示用），ワークシート（児童用）

☑ 授業展開

本時は，「3つのかずのけいさん」の加法・減法計算を学習した後に，加減混合計算に出合う場面として行う。

● 問題の提示

◆黒板上でバスのイラストを動かして，話しながら問題を確認する。

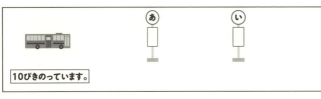

T：ねこのバスが出発するよ。バスには，ねこが10匹乗っています。

◆バスのイラストを㋐のバス停まで動かす。

T：㋐のバス停に到着。

◆グレーの画用紙でバスを隠す。

T：あれあれ……霧がかかってバスの様子が見えなくなっちゃった。何匹か降りたみたいだけど……。

◆グレーの画用紙で隠したバスのイラストを㋑のバス停まで動かす。

T：次は㋑のバス停。やっぱり霧で見えないよ。

T：やっと霧がはれた。おやっ，バスには5匹のねこが乗っているよ。㋐や㋑のバス停では，どうなっていたのかな？

盛山からのコメント

イラストを使って場面を動的に見せているのがよいですね。

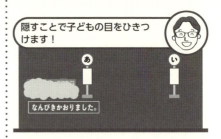
隠すことで子どもの目をひきつけます！

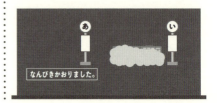

子どもの問い

C：減ったからひき算のお話になるよ。

C：お話がたくさんつくれるよ。

T：はじめにバスに乗っていたねこの数だけ，ブロックを用意しましょう。

◆**黒板とワークシートにブロックを10個並べる。**

T：10匹のねこが5匹になったんだよね。みんなも，ブロックでねこの数を確かめながら，お話と式を考えましょう。

加減混合の式もつくることができるのですが，10匹が5匹になっていることから，子どもたちは直前に学習した減減の式になると考えます。うまい場面設定です。

問題解決

◆**ワークシートを配付して，自力解決の時間をとる。**

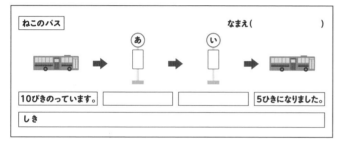

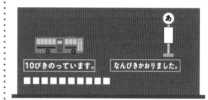

◆**考えたお話を発表する。**

C：バスに10匹乗っています。あで3匹降りました。いで2匹降りました。

T：みんなも自分のブロックで確かめてみましょう。このお話はどんな式になるか分かる人はいますか？

C：10－3－2です。

お話を発表する子と式を発表する子を分けているのがよいですね。

C：ほかのお話と式を考えたよ。

T：次は，式だけ教えてください。

C：10－4－1です。

T：どんなお話を考えたのかな？　となりの人と話してみましょう。

C：バスに10匹乗っています。あで4匹降りました。いで1匹降りました。

T：式からお話を考えることもできましたね。

深い学びのポイント

式表現と問題場面を結びつけて説明しているところがとてもよいです。
式の意味理解が深まります。

振り返り

T：ほかにはどんな式ができましたか？

C：10－2－3です。
C：10－1－4です。
C：10－5－0もあるよ。
C：「ひく0」ってどういうこと？
T：そうだね。どういうことかな？
C：⃝では誰も降りなかったってことだよ。

● 問題の提示

T：あれっ。10－6って書いている人がいるよ。
◆ **10－6までを黒板に書いて示す。**

10－5－0を取り上げて，「ひく0」の意味を聞いているところがよいです。0の意味を考えることは数学的価値があります。
0の計算は，教科書の単元順で「3つのかずのけいさん」より前に扱っていることを確認して取り上げましょう。

● 子どもの問い

C：10－6＝4だからおかしいよ。
C：5にできるよ。また乗ればいい。
C：え？　できないよ。
T：できるっていう人がいるけど，10－6の続きの式とお話を考えてみましょう。⃝のバス停がポイントだね。どうやったら5匹になるんだろう。

| 10－6のつづきのしきとおはなしをかんがえよう。 |

10－6と途中まで見せて子どもたちを揺さぶり，問いをつくっているところが見事です。加減混合の式を書いている子がいない場合は，先生から出します。

● 問題解決

T：先に式だけ言ってください。
C：式は10－6＋1です。
T：どんなお話になるのかな？　説明できる人いる？
C：バスに10匹乗っています。⃝で6匹降りました。⃝で1匹乗りました。
C：⃝で乗ればいいんだね。
C：まだまだお話がつくれそうだよ。

深い学びのポイント

「乗りました」という条件を加えて問題場面を発展させています。
子どもたちが数学的な見方・考え方を働かせている場面です。

● 振り返り

T：「降りました」と「乗りました」を入れて，お話と式をつくってみましょう。
◆ **10－7＋2や10－8＋3など，子どもがつくったお話や式を発表させる。**
C：たし算とひき算を混ぜるといろんなお話や式ができるね。

本授業の最終板書

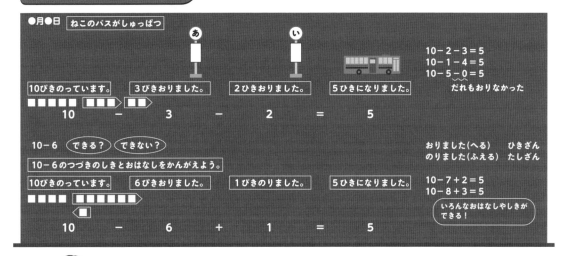

授業を振り返って

　3つの数の加法，減法計算を学習後に本授業を行いました。本時は，バスの乗降の増減場面を自分で考え，3つの数の式で表すという展開です。単元を通してバスの乗降場面を中心に考えるようにし，乗り降りの動作，問題文，式のつながりを感じられるようにしました。

　問題文の途中を分からなくすることで，ブロック操作（動作），問題文，式を行ったり来たりする回数を増やし，それぞれのつながりをより意識できるようにしたいと考えました。ひき算の問題だろうと見せかけて，「ひき算とたし算が混ざった問題をつくることもできる」ということに気づく展開です。1年生のほとんどの子が，式は答えを出すためだけのものだと思っている現状があるので，この学習を通して，式で場面を簡潔に表すことができるよさを感じてほしいと思い，実践しました。

盛山からのコメント

　問題場面に霧が出て見えなくなったというしかけを使うことで，隠れている部分がオープンエンドとなり，子どもたちの考える世界を広げています。

　加減混合計算の10−6＋1の扱い方もうまいです。10−6と途中までしか見せないことで，子どもたちから「できる」「できない」という意見を引き出すことができます。子どもたちの葛藤の中から「10−6の続きの式とお話を考えよう」という問いを見事につくり出しています。

　問いを全体で共有し，解決することで，「降りました」だけでなく「乗りました」という場面が成立することに気づき，まだ式とお話がつくれるという新たな発見につながっています。新しい見方を使ってさらに問題を解決したいという子どもの姿がすばらしいです。

執筆者名▶桑原 憲生

身の回りの形と出合う数学的活動の授業!

1年 かたちあそび
「みのまわりのかたちをみつけよう!」

 授業のねらい　日常生活や身の回りのものの中から図形を探す活動を通して,図形を日常生活に生かす素地をつくる。

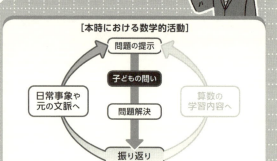

用意するもの　指令カード(掲示用,児童用)

☑ 授業展開

本時は,「かたちあそび」で平面図形の学習の導入として行う。

● 問題の提示

T:教室の中にはどんな形があるかな?
C:時計が「まる」だよ。
C:机は「しかく」だ。
C:ロッカーも「しかく」だよ。
C:「さんかく」のものは…見つからないな。
T:「まる」「さんかく」「しかく」という形が出ましたね。どの形がたくさん見つかりそうですか?
C:「しかく」が多そうだな。
C:「まる」もありそうだな。

> きょうしつのなかから,まる,さんかく,しかくをみつけよう。

T:「まる」のものは,時計のほかにもありそうですか?
C:壁に刺してある画鋲が「まる」に見える!
T:では「さんかく」を見つけた人はいますか?
C:先生の大きいものさしに「さんかく」のものがあるよ!

 盛山からのコメント

初めから先生が形を指定するのではなく,子どもたちから「まる」「さんかく」「しかく」という言葉を引き出しています。算数で学習する「形」が身の回りにたくさんあることにだんだん気づいていく展開です。

T：では「しかく」は教室の中にありますか？
C：たくさんあるよ！「ながしかく」でもいいかな？
T：例えばどんなものですか？
C：ぼくの筆箱！
T：「ながしかく」は「しかく」の仲間だね。先生が黒板に貼った「しかく」は「ましかく」というよ。
C：黒板は大きい「ながしかく」だ！
C：教科書も「ながしかく」だ！
T：「しかく」はたくさんありますね。
T：さっき筆箱は「しかく」って言っていたけど，筆箱にある「しかく」は1つだけかな。
C：全部で6個見えるよ。
T：みんなは6個見えたかな？
C：横のところにも「ながしかく」があるよ！　後ろにも！
T：前や後ろ，横にも形が隠れているんですね。

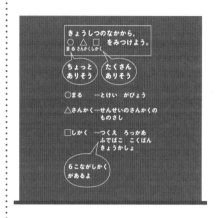

子どもの問い

T：教室の中に「しかく」はたくさん見つかりましたね。「さんかく」や「まる」はもうないんだね。
C：先生，教室にはもうないけど，校庭にはあるよ！
C：廊下の非常ベルは「まる」だと思う。
T：え？　そうだったかなあ？　外に出て確かめてみる？
C：確かめたい！

深い学びのポイント
子ども自身が課題を発展させています。教室の中で見つけたものから教室の外まで目を向けているのですね。子どもの問いが課題につながっている，よい展開です！

がっこうのなかから，まる，さんかく，しかくをみつけよう。

問題解決

C：どこで探そうかな？
T：ここに「指令カード」があります。カードを引いて，カードに書いてある場所に行って形を探しましょう。

「指令カード」という素材がおもしろいですね。子どもたちがわくわくしながら形を見つけに行けるよう工夫されています。

しれい	たいいくかんから、 まる、さんかく、しかくをさがせ。
しれい	こうていから、 まる、さんかく、しかくをさがせ。
しれい	ろうかから、 まる、さんかく、しかくをさがせ。
しれい	おんがくしつから、 まる、さんかく、しかくをさがせ。

●**ストップウォッチを持たせ、10分後に帰ってくる約束をして、それぞれの場所に探しに行かせる。**

T：どんな形が見つかりましたか？

C：体育館のフラフープが「まる」だったよ。
　　それにバスケットのゴールも「まる」があった！

C：校庭のタイヤとびのタイヤは、土に埋まっているけど「まる」の半分じゃだめかな？

C：音楽室でトライアングルを見つけたよ！　これって「さんかく」でしょ？　あと、テレビのリモコンのスイッチにも「さんかく」があったよ！

C：児童玄関の靴入れは「しかく」だったよ！　ほかにも廊下のドアとか窓とか、「しかく」はたくさんあった。

◯振り返り

T：たくさん見つけることができましたね。探してみて気がついたことはありますか？

C：気づいていなかったけど、意外といろいろな形があったよ。

C：身の回りには形がたくさんあるんだね。

C：「しかく」はたくさんあるけど、「さんかく」や「まる」はなかなか見つからないなと思いました。

T：今度は家でも探してみて、見つけた形をみんなに教えてね。

めあてがきちんと板書されていてgoodです。

深い学びのポイント
学校の中から形を見つけるという活動を通して日常生活の中に算数を見出す、1年生らしい数学的活動です。1年生の発達段階ではとても重要な活動になります。

本授業の最終板書

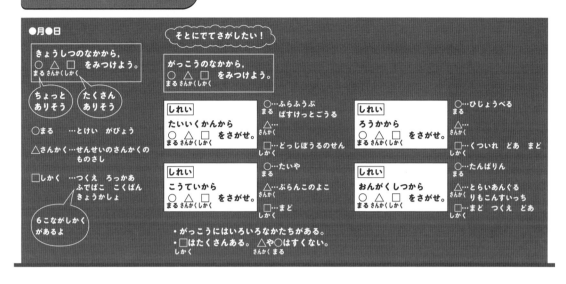

授業を振り返って

　　この授業は，身の回りにはたくさんの図形が使われているのだということを子どもたちに実感させるために設定しました。「かたちあそび」の単元では，形の特徴について話し合ったり，それを分類したりする活動を行いますが，ここでは平面図形の導入として身の回りの図形を扱っています。まずは身の回りの図形について知ることで，より具体的なイメージを持って学習に取り組んでほしいと考えました。そこで，辺の長さや角度をもとに探すのではなく，全体的な形の特徴として「まる」「さんかく」「しかく」に似ている形を探すこととし，まずは図形を見つける楽しさを重視した活動になることを意識しました。

　　可能であれば，デジタルカメラなどで具体物を子どもに撮らせて，教室で見ることができるようにしておくと，クラス全体で共有しやすいと思います。

盛山からのコメント

　「身の回りの形に出合う」という，1年生らしい数学的活動を取り上げた授業です。最初に教室の中という身近な場所から探し，そこから子ども自身が「教室の外にまで探しに行きたい」という新しい課題へ発展させています。黒板に「教室の中から」と「学校の中から」の2つのめあてがしっかり書かれているのもよいですね。

　また教室外に探しに行く際に「指令カード」を使うことで，目的をもって，またわくわくした気持ちで形探しに取り組むことができています。最後のまとめでは，ぜひ子どもから「身の回りには形がたくさんあった」という言葉を引き出したいですね。

執筆者名 ▶ 桑原　憲生

1年 ながさくらべ
「ながいのはどれかな？」

子どもたちが考えたくなるような問題発見の授業！

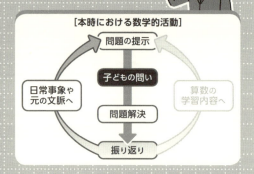

[本時における数学的活動]

授業のねらい　じゃんけんレースで長さを比べる活動を通して，長さを比較する方法は，直接比較，間接比較，任意単位による比較方法があることを知る。

用意するもの　2cm，4cm，6cmのカード（児童用，掲示用。掲示用は大きめのカード），紙テープ

☑ 授業展開

本時は，「ながさくらべ」の導入として行う。

盛山からのコメント

● 問題の提示

```
じゃんけんレース
    グー    □
    チョキ   □□
    パー    □□□

・かったらカードがもらえる。
・10かいじゃんけんをして，
  つなげたながさがながいほうがかち。
```

T：ペアでじゃんけんをして，勝ったらカードがもらえます。カードをつなげて長かった方が勝ちです。

C：やってみたい！

T：はじめは「先生」対「みんな」でやってみましょう。

● 先生と10人の子どもが1回ずつ，合計10回じゃんけんをする。

黒板に「先生」のカードを縦，「みんな」のカードを横に並べる。

T：長いのは「先生」と「みんな」のどちらですか？

C：「みんな」の方が長いよ。

はしをそろえずに並べているのがgood！
子どもからはしをそろえるというアイデアが出るようにします。
横に並んでいるものより，縦に並んでいるものの方が長く見えるので，短い方を縦に並べるとよいです。

長さの短い「先生」のカードを縦に並べているのがうまいです！

第3章　1年 ▼ ながさくらべ

30

C：「先生」の方が長いかもしれない。
C：分からないな。

<間接比較>
C：手を広げた長さで比べることもできるよ。
T：この紙テープを使って比べられないかな？
C：「みんな」のカードの長さに紙テープを切ってから「先生」のカードと比べると，「先生」の方が短いことが分かるから，「みんな」の勝ちだ！

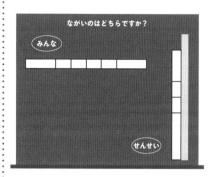

<直接比較>
C：まだ比べる方法があるよ。「先生」と「みんな」のカードのはしをそろえて並べてみると，「みんな」の方がはみ出ているよ。だから「みんな」が勝っているでしょ？
T：なるほど，本当ですね。では今度は，友だち同士でじゃんけんレースをやってみましょう。
●となりの子とペアになってじゃんけんレースをする。

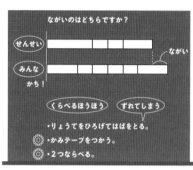

子どもの問い

T：どちらが勝ちましたか？
C：ぼくが勝ったよ！
T：どうやって長さを比べましたか？
C：「先生」と「みんな」のときみたいに，並べました。
T：なるほど。○○さんのカードは長いですね。
C：わたしの方が長いよ。
C：○○さんのカードがいちばん長いと思うよ。
C：誰がチャンピオンだろう？

クラスのなかでチャンピオンをきめよう！

問題解決

T：どうやって比べればチャンピオンが分かりますか？
C：全員で並べてみたらいいんじゃないかな。
T：じゃあ，みんなで並べてみよう！
C：数が多くて大変だよ。

新しい課題を決めるまでの対話がよいですね。子どもの言葉でめあてがつくられているのがすばらしいです。

深い学びのポイント

1対1の比較から，多数を一度に比べる場面に転換することで，直接比較や間接比較では比べることが難しいことに気づかせています。
どのように比べればよいかを全員で考え，任意単位による比較のアイデアにつなげています。

C：カードの数が多いから,動かすとバラバラになっちゃうよ。

C：筆箱のいくつ分でやったら動かさなくてもいいんじゃないかな。

C：いいね！ でも筆箱の数でぴったりいくつ分にはならないからよく分からないな。

T：いくつ分がぴったりになる方法があるとよいですね。

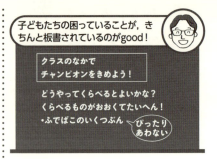

振り返り

<任意単位による比較>

T：今日の3つのカードの秘密に気づいた人はいますか？

● **チョキのカードはグーの2倍,パーのカードはグーの3倍の長さになるように設定しておき,全員がグーのカードのいくつ分で表すことができるようにする。**

C：あ,分かった！ グーのカードが2つでチョキ,3つでパーのカードと同じ長さになる！

グー,チョキ,パーのカードの長さをうまく仕込んでありますね。数で表しやすいです。別のブロックなどを任意単位として使うのではなく,カード自体が単位になるというのはよい工夫です。

C：グーのカードのいくつ分で自分のカードの長さを表せないかな。

C：ぼくのつなげたカードは,グーの6つ分になったよ。

C：わたしのは7つ分。

C：グーのいくつ分でみんな比べられそう！

● **全員のカードの長さがグーのいくつ分かを確認する。**

C：みんなの数を比べてみると,13こ分の人がチャンピオンだ！

T：長さのチャンピオンを決めるときに,どのように比べるとよかったですか？

C：グーのいくつ分で比べるのが便利だった。

C：いちいち並べなくてもよかった。

C：いくつ分かで表すと,すぐにいちばん長いカードが分かった。

いちばんのポイントである,任意単位による数への着目で授業を締めくくっています。

本授業の最終板書

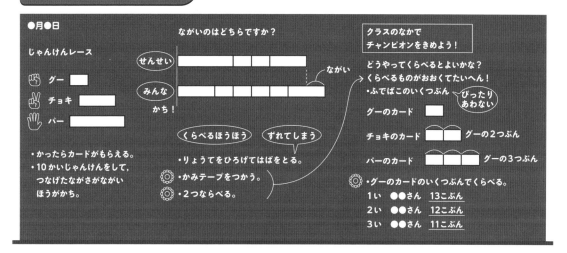

授業を振り返って

　子どもたちは，量の大きさについての感覚はすでに生活経験からもっていますが，比較する際にどのような方法で表現すればよいのかは授業で学んでいく必要があります。本時のように二者を比較する場面から，多数のものを比較する場面へと，場面を変えて発問することで，子どもたちはどうすればよりよく比べられるのか自然と考え，比べ方を見出していくことにつながります。

　教材の設定として，じゃんけんをする回数の制限や，学習環境の設定（机の上で比較させるのか，床の上で比較させるのか等）については，子どもの実態やねらいによって検討する余地があると思います。

盛山からのコメント

　「先生」と「みんな」の2つで長さを比べた後，今度はクラスの中でいちばん長いチャンピオンを決めるという流れです。いちばんを決めようとすることで，数による比較のアイデアが生まれます。子どもたちから自然に任意単位による比較を引き出すうまい場面設定です。

　2つの長さを比べるときは，子どもたちからはしをそろえて並べるという意見が出るまで，はしをそろえずに並べるのがポイントです。この授業のように縦と横に工夫して並べ，見た目では確実に比べる方法にはならないことに気づかせ，直接比較や間接比較のアイデアにつなげます。クラスのチャンピオンを決めるときは，全員分のカードを実際に並べるのは大変だと感じることで，任意単位による比較のよさを実感することができます。グーのカード自体が単位となり，子どもたちが別のブロックなどを用意しなくても比べられるようになっている点もすばらしいですね。

1年 学級を盛り上げる算数あそび

　1年生では，数量や図形に親しみをもち，それらに対する感覚を豊かにするとともに，算数を学ぶことのよさや楽しさを感じながら学ぼうとする態度を養いたいものです。ここでは，10までの数の合成・分解やたし算に楽しく取り組める算数あそびをご紹介します。

ババ抜き10

　トランプの1～9とジョーカー1枚を合わせた37枚のカードを使って遊びます。一般的なババ抜きと同様に隣の人からカードを引いていくのですが，この「ババ抜き10」では，合わせて10になるような2枚のカードを組にして場に捨てるのがルールです。あとは一般的なババ抜きと同じで，最後までジョーカーを持っている人が負けとなります。合わせて10になる数を考えることで，「いくつといくつ」の単元で学習する10の合成・分解の習熟を図ることができます。

　アレンジとして，1～13のすべてのカードを使い「合わせて14になったら組にできる」というルールにすると，「くり上がりのあるたし算」の単元で使うこともできます。

たしじゃんポン

　じゃんけんを「たしざん」にアレンジしたゲームです。「たしじゃんポン！」というかけ声に合わせて，1～5本の指を出します。出されている指の本数の合計を計算して，正しい答えを早く言えた方が勝ちとなります。

　対戦する人数を増やしたり，両手を出して指の本数を増やしたりして答えを大きくすることで，「くり上がりのあるたし算」の単元で取り組むこともできます。また，指の数をたすのではなくかけるルールにすると，2年生の「かけ算」に応用することもできます。

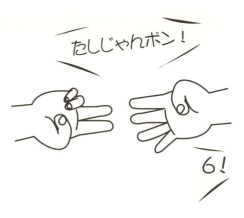

（盛算研）

2年

授業実践例

第3章

1年
2年
3年
4年
5年
6年

執筆者名 ▶ 田中　径久

2年 たし算とひき算のひっ算

「カレンダーの青と赤，どちらが大きい？」

子どもが統合的に考えて深い学びを実現している授業！

授業のねらい　たし算とひき算の筆算の習熟をしながら，カードの数の合計が同じになる理由を考える。

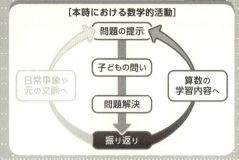

用意するもの　月や曜日の表示を除いたカレンダー（児童用，掲示用），青赤カード （児童用，掲示用）

☑ 授業展開

本時は，2けたの加法，減法を学習後に，学習の習熟と活用として，単元の最後に行う。

● 問題の提示

T：今から数が並んでいる表を見せます。この表は何の表だと思いますか？

C：カレンダーかな。赤い数は日曜日だと思う。

C：私もカレンダーだと思う。一週間って7日間だから。

T：そうですね。この表はカレンダーです。今日はこのカレンダーを使って勉強します。

今から，青赤カード（■■■■）を使ってカレンダーの数を隠します。青と赤でそれぞれ2つずつ数が隠れました。青の数と赤の数をそれぞれたしたら，どちらが大きくなると思いますか？

青の数と赤の数をそれぞれたしたら，どちらが大きいですか。

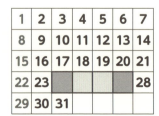

※ ■は青，□は赤を表しています。（■■■■ 青，赤，赤，青）

盛山からのコメント

和が等しくなる数値をカードで隠すという，よく考えられた教材です。場面設定，問題設定がおもしろいです。教材研究がよくできていますね。

●まずは，計算しないで，どちらが大きいかを直感で答えさせる。

C：青が大きいと思うな。

C：ぼくは赤だと思うよ。

T：隠れている数は，青が24と27で，赤は25と26です。では，ノートに筆算をして確かめましょう。

C：どちらも同じだ。24+27も25+26も51になったよ。

● 子どもの問い

C：ほかのところはどうなっているのかな？

T：では，今から，カレンダーと青赤カードを配るので，自分で数を隠して，筆算で計算してみましょう。

●自力解決の時間をとり，発表させる。

C：11，12，13，14を隠して計算したよ。11+14も12+13も答えが25で同じになったよ。

C：ぼくは17，18，19，20を隠したよ。17+20も18+19も答えが37で同じになったよ。

C：すごーい。青赤カードを横に置くと答えが同じになるね。

C：先生。ぼくは縦に置いて数を隠したんだけど，青と赤の答えが同じになったよ！

T：本当？　どこをどんなふうに隠したの？

C：2と9と16と23を隠したんだけど，2+23も9+16も答えが25になったよ。

T：それって，たまたまじゃないの？

C：5+26と12+19も答えが31で同じだよ。

C：10+31と17+24も答えが41で同じになるよ。

C：どうして青赤カードで隠した数の合計はいつも同じになるのかな？

T：どうしていつも同じ数になるか，1，2，3，4を隠したときで考えてみよう。

● 問題解決

T：どうして青の数の合計と赤の数の合計がいつも同じになるのか，考えたことをお話してください。

青が大きい 18人　赤が大きい 9人

```
  24        25
+ 27      + 26
----      ----
  51        51
```

どちらもおなじ！

子どもの言葉から新しい問いが生まれているのがすばらしいです。
子どもから出ない場合は「思ったことをノートに一言書いてみよう。」と言ってそれを発表させることで，子どもの言葉で問いをつくることができます。

ここでは先生から提案していますが，「どこの数で考えてみようか。」と問い，子どもたちの方から「小さい数で考えたい。」という意見が出るとよりよいですね。小さい数で考えるのは単純化で，重要な数学的な考えの1つです。

C：1，2，3，4を隠すと，1+4＝5と2+3＝5になって，同じ答えになる。1と2を比べると，2の方が1大きいでしょ。でも，4と3を比べると4の方が1大きくなるから同じになると思う。

T：それって，どういうことかな？

C：たされる数は赤の方が1大きいでしょ。でも，たす数は青の方が1大きくなっている。だから答えが同じになるんだよ。

T：なるほど。ほかの部分を隠したときはどうかな？

C：11，12，13，14を隠すと，11+14＝25と12+13＝25になるでしょ。12は11より1大きく，14は13より1大きいから答えが同じになるね。

C：縦も同じで，2+23＝25と9+16＝25になるよね。2と9を比べると，9の方が7大きくて，23と16を比べると，23の方が7大きいから，答えが同じになるんだよ。

振り返り

C：先生。ぼくは，斜めに置いても同じ答えになったよ。

T：へえーっ！ そうなんだ？ どうやって置いたの？

C：3から斜めに置いたけど，やっぱり同じになったよ。

T：斜めでも本当に青の数の合計と赤の数の合計が同じになるか，計算してみましょう。

C：青をたすと3+27＝30，赤をたすと11+19＝30になったよ。

C：青と赤がやっぱり同じ答えになったよ。

C：カードを斜めに置くと，赤のたされる数は青より8大きくて，青のたす数は赤より8大きくなっているね。

T：今日はどんなことを発見しましたか？

C：青赤カードで隠した数は，横でも縦でも斜めでも，青の数の合計と赤の数の合計が同じということが分かった。

C：どうして同じになるのかも分かったよ。

深い学びのポイント

「それって，どういうことかな？」という問い返しは，深い学びをつくるための重要な問い返し発問です。
他の子どもたちも参加し，説明を深めていくことができます。

式を上下に書くことで，類推することができます。

深い学びのポイント

斜めに置き，「斜めに置いても同じことが言える。」ということを説明しています。統合・発展の場面です。

この後に，「どうして同じになるのか，どうやって考えたのかな？」と聞き，子どもに板書を使って授業の再現をさせることで学習したことを振り返らせ，まとめてもよいです。

本授業の最終板書

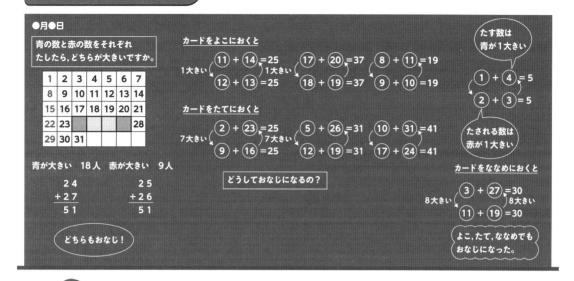

授業を振り返って

今回の実践は，青赤カードを使うことで，青の数の合計と赤の数の合計はどちらが大きくなるだろうかという疑問から，自ら調べてみたいという意欲を持たせることができました。子どもたちは手元にカレンダーの表と青赤カードを持つことで，主体的に計算に取り組んでいました。自分で数を隠して，隠した数をたして確認していくと「すごい！」「おもしろい！」という声が自然とあがっていきます。この授業の後半は，ただ計算するだけで終わらせないで，2年生なりにどうしてそうなるのかを考えさせることを大切にしました。友だちと話し合う場面を設定したり，みんなでその考えを解釈したりする活動を取り入れたことで，理解は深まったと思います。今後は，九九表や数表でもこの考えが成り立つのか，子どもの疑問を大切にした授業を行いたいと思っています。

盛山からのコメント

よく教材研究された授業です。子どもがカードを縦や斜めに置き，どんどん問題を発展させています。そして計算の習熟だけで終わらず，カレンダーの数値の並び方のきまりをもとに，なぜいつも合計が同じになるかを説明させています。その説明の際に数学的な表現である式を使っているところもとてもうまいです。板書の式の書き方も工夫されていて，縦に置いたときの7違いは，横に置いたときの1違いから類推できるようになっています。数学的な見方を育てている授業です。

また，授業の中で1人が説明した後にすぐに解釈しないで「それって，どういうことかな？」と問い返し，全体に投げかけることでほかの子どもたちも説明に参加しているところもすばらしいです。深い学びをつくる一斉授業の1つの形です。

執筆者名 ▶ 田中　径久

2年

かけ算
「ブタのはなのあなは何こかな？」

子どもの問いを見事に引き出す授業！

| 授業の
ねらい | 被乗数と乗数の順序について，図を用いて表現することを通して，かけ算の意味について考える。 |

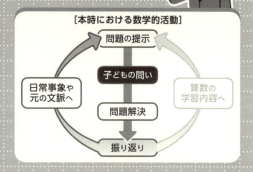

用意するもの　ブタの耳・しっぽ・鼻の写真（掲示用），問題文が書いてある短冊（掲示用）

☑ 授業展開

本時は，「かけ算」で2，3，4，5の段のかけ算九九を学習した後に行う。

● 問題の提示

T：これから写真を3枚見せます。3枚の写真を見て，何の動物か考えてみてください。

◆ブタの耳，しっぽ，鼻の写真を順番に見せていく。

C：何の動物かな？
C：しっぽがクルンとしているからブタかな？
C：あっ，あの鼻はきっとブタだ。
T：そうです。この3枚はブタの写真です。では，今日の問題を黒板に貼ります。

◆問題文は3文に分けて提示し，後で順番の入れ替えができるようにする。

| ブタが4ひきいます。 |
| ブタのはなのあなは，2こです。 |
| ブタのはなのあなは，ぜんぶで何こでしょう。 |

T：では，式と答えをノートに書きましょう。

◆自力解決の時間をとる。

盛山からのコメント

子どもの問いを引き出す問題提示の工夫がすばらしい！数値順に立式すると間違えるように問題を提示することで，立式の段階でずれを生じさせて，子どもの問いを引き出しています。

T：式と答えが書けた人に発表してもらいましょう。
C：4×2＝8で，8個です。
C：2×4＝8で，8個です。

○ **子どもの問い**

T：ほかの式や答えを書いた人はいますか？
　では，答えは8個でいいかな？
C：いいです。
T：じゃあ，2つの式があるけど，どうかな？
　①の4×2＝8じゃなきゃいけないという人，②の2×4＝8じゃなきゃいけないという人，①でも②でもどちらでもいいという人，手を挙げてください。
C：①だと思うよ。だって，問題文に書いてある順番通りに式を書かなきゃいけないんじゃないの。
C：②じゃないかな。ブタの鼻の穴は2個で，ブタが4匹いるから2×4だと思う。
C：答えが同じだから，どっちでもいいんじゃないの。
T：困ったね。

○ **問題解決**

T：じゃあ，問題文に書いてあることを図で表してみようか。

● **自力解決の時間をとる。**

T：黒板に図をかいてくれる人はいますか？
C：はい。こうなります。

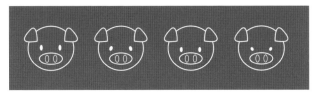

T：上手にかけましたね。
T：では，黒板にかいてもらった図を見て，何か気がついた人はいますか？
C：ブタが4匹います。
C：ブタの鼻の穴は2個で，ブタが4匹いるから，②の2×4＝8の式がいいんじゃないかな。

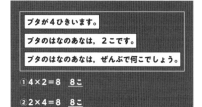

子どもの問いをうまく引き出しています！

深い学びのポイント

図と式を関連づけて，①と②の式の意味について考えています。
ただ式の意味を問うだけでなく，図と式を関連づけることが深い学びのポイントになります。

子どもの図を残す板書がgood！

C：このブタには鼻の穴が2個あって，ここに2個，ここにも2個，これも2個だから，2＋2＋2＋2＝8で，8個になるよ。

T：では，①の4×2＝8って，どういうことかな？

C：はい。図にすると，こんなブタになるよ。

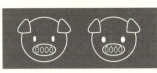

C：鼻の穴が4個のブタなんておかしいよ。

C：鼻の穴が2個のブタが4匹分だね。

C：やっぱり正しい式は，②の2×4＝8になるんだね。

図にすることで違和感が出る教材の工夫がすばらしい！

振り返り

T：では，問題文の順番を入れ替えてみたらどうかな。

| ブタのはなのあなは，2こです。 |
| ブタが4ひきいます。 |
| ブタのはなのあなは，ぜんぶで何こでしょう。 |

C：この問題文だったら，2×4＝8ってすぐ分かるよ。

C：最初の問題文は，意地悪だったね。

最初に問題文を短冊で示した工夫が効いています。
順番を入れ替えるアイデアを子どもから引き出せるとよりよいですね。

◆類題に取り組む。

T：では，別の問題にも挑戦しましょう。

| 3人がりんごを5こずつもっています。 |
| りんごはぜんぶで何こでしょう。 |

C：5×3＝15で，15個です。

C：1つ分の数が5で，その3つ分だから5×3＝15だね。

深い学びのポイント
ただ問題を解決して終わるのではなく，元の問題（文脈）に戻って意味づけをしているところに価値があります。

T：今日の勉強で大事だと思うことは何ですか？

C：かけ算の式は1つ分といくつ分を確かめなくてはいけないということが分かりました。

C：図に表すと分かりやすかったね。

類題も3文に分けた方が，今までの問題を活用できるのでよりよいですね。

本授業の最終板書

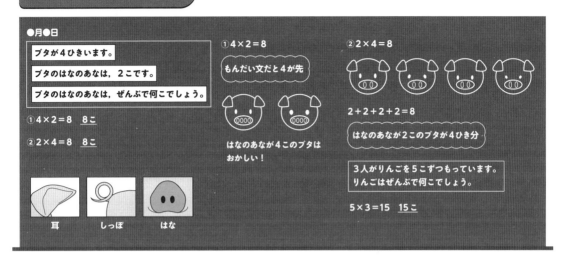

授業を振り返って

　この授業は，2〜5の段のかけ算を学習した後に行いました。このような式の順序性について考える問題は，子どもがよくひっかかる問題です。問題文に出てくる数値には着目しているのですが，問題文の場面をイメージし，正しく式に表すという経験が少ないためです。そこで，数学的表現である，式，図（イラスト），言葉などを使って問題を解決しようとする態度を養うために，このような授業を行いました。

　本時では，子どもたちが図に表しやすいブタを問題文で扱いました。子どもたちは楽しそうに図に表しており，4×2＝8の鼻の穴が4個のブタを見て，「それはおかしい。」ということを実感できました。今後も，問題文を読んで題意を把握する際に，図（イラスト）を使って考えたり，言葉で説明したりする経験を積ませていきたいです。

盛山からのコメント

　この授業のすばらしいところは，子どもの問いを引き出す問題提示の工夫です。被乗数ではなく乗数から提示することで，立式の段階でずれを生じさせ，子どもの問いを引き出すことができます。また，それを短冊の形で提示することで，問題を解決した後に元の問題に戻ってかけ算の意味を考える深い学びにつなげることもできます。

　また，図を使ってかけ算の意味をおさえなおすことも重要なポイントです。ただ式だけで考えるのではなく，図をかいて考えることで，1つ分といくつ分をとらえなおすことができます。数学的表現を読み合う，関連づけるという深い学びを実践できています。

執筆者名 ▶ 桑原　憲生

2年 三角形と四角形 「どんな形が できるかな？」

発展的に やってみたくなる 魅力的な素材の授業！

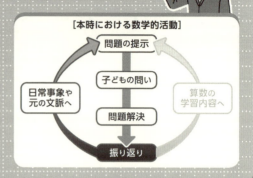

[本時における数学的活動]
問題の提示 → 子どもの問い → 問題解決 → 振り返り
日常事象や元の文脈へ／算数の学習内容へ

授業のねらい　どのような図形になるのか既習事項を基に予想し，話し合う活動を通して，四角形の性質について考察する。

用意するもの　20cm，15cmなどの紙テープ（掲示用，児童用），のり，はさみ

☑ 授業展開

本時は「三角形と四角形」の学習後に，学習の習熟と活用として，単元の最後に行う。

● 問題の提示

T：紙テープで輪っかをつくります。真ん中の点線に沿ってぐるっと1周切ると，どんな形ができるでしょう。
●輪のつくり方や切り方を丁寧に確認する。

C：2つの輪っかができると思う。
T：どうしてそう思うの？
C：だって真ん中から2つに輪っかが分かれるだけだから。
●実際に切ってみる。
C：ほらね。2つの輪っかができた。
T：それでは，15cmと20cmの2種類の長さの紙テープでつくった輪っか2つをくっつけます。点線に沿って切るとどんな形ができるかな？
●2つの輪を直角にのりで貼り合わせる。

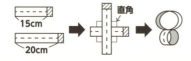

盛山からのコメント

輪をつくって切るというのは，メビウスの輪など，算数・数学ではよくある素材ですが，2年生の「三角形と四角形」で使うというのはおもしろいアイデアです。
1つの素材を他の場面でも使えないかと考えるのは，教材開発に大切なことですね！

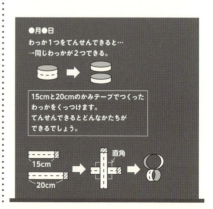

●月●日
わっか1つをてんせんできると…
→同じわっかが2つできる。

15cmと20cmのかみテープでつくったわっかをくっつけます。てんせんできるとどんなかたちができるでしょう。

T：どんな形ができるか予想ができましたか。
C：輪っかが2つになるんじゃないかな。
C：1つの輪っかを切ったら2つになったでしょ？
　　2つを切ったら輪っかが4つできるんじゃない？
C：長方形ができるんじゃないかな。
T：では切ってみましょう。

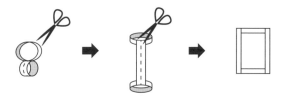

C：わあ！長方形ができた！

子どもの問い・問題解決

T：これは本当に長方形ですか？
C：正方形かもしれないなあ。
T：ではどんな形だと言えるのか，少し周りの人と話し合ってみましょう。

●**周りの人と話し合う時間をとる。**

T：この形は何でしょうか。
C：やっぱり長方形だと思います。
T：確かめる方法はありますか？
C：半分に折ると向かい合う辺の長さが同じになります。
C：斜めの頂点どうしがぴったり合うように折ると，少しはみ出るところがあるでしょ？
C：もし正方形だったら，ぴったり重なるよね。
T：なるほど，長方形には他にも特徴がありましたよね。
C：全部の角が直角じゃないといけない！
C：教科書の角を合わせるとぴったりになるから全部直角だね。
T：ではこの形は長方形だと言えますね。

振り返り

C：最初の紙テープの長さが同じだったら正方形になるんじゃない？
T：どういうことですか？

思わず「長方形」と言ってしまう場面です。素材の力で子どもの興味をひいています。ここから，図形の性質に迫っていきます。

深い学びのポイント

子ども自らがつくった作品が考察の対象になっているのがすばらしい！
子どもたちが興味をもって，説明する活動に主体的に取り組んでいます。

単元の中で学んだ性質や定義を自分の言葉で述べているのがよいですね！

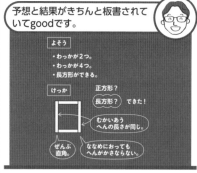

予想と結果がきちんと板書されていてgoodです。

長方形についての吟味をしたら正方形についても考えたくなるというのがよいですね。素材の魅力だと思います。もし子どもから出なければ，教師が「長方形以外の形はできないかな？」と発問してもよいでしょう。

C：だって正方形は辺の長さが全部同じでしょ？
さっきは違う長さのテープを使ったから長方形になったんじゃないかな。
T：では同じ長さのテープでつくって切ってみましょう。
C：あ！　やっぱり正方形ができた！
C：角は全部直角だし，斜めに折ってもぴったり重なるね。

深い学びのポイント

正方形の性質を使ってテープの長さを考えています。長方形を考察した後に，元の文脈に戻って正方形についても考察しているのですね。

C：ほかにもつくってみたい！
T：今度は，どんな工夫をしてみようか？
C：くっつける輪っかの数を増やしてみたい！
C：輪っか同士をくっつける向きを変えてみようかな。
C：わたしは紙テープの長さを変えてみるよ。
T：それでは自由につくってみましょう。切る前にどんな形ができるか予想したり，切った後に理由を考えたりして，ノートに書いておこうね。

◆**自由につくる時間を確保する。**

発展の場面です。他の条件でもやってみたくなるのは，この素材の魅力です。

T：どのような形ができましたか。
C：輪っかを3つくっつけてから切ったら，長方形が2つできたよ！
C：本当だ！　4つくっつけたら長方形が3つになるのかな。
C：輪っかどうしを斜めにくっつけて切ったら，斜めの四角形ができたよ！
C：長方形や正方形にするには，直角にくっつけることが大事だったんだね。
C：長いテープ同士をくっつけたらとても大きな正方形ができたよ！　中をくぐれるくらい大きいよ。
C：こんな大きな正方形は初めて見たよ。辺の長さが長くても，正方形は正方形なんだね。
T：いろいろな形ができましたね。またいろいろと試してみて，どんな工夫をしたらどんな形ができるのかみんなに教えてくださいね。

深い学びのポイント

輪をくっつける角度によっては，長方形や正方形ができないことから，再度直角についておさえています。
斜めの四角形（平行四辺形やひし形）をつくることで，4年の「四角形」の学習にもつながりますね。

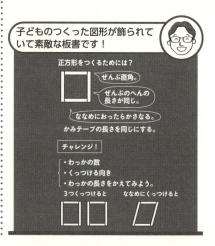

子どものつくった図形が飾られていて素敵な板書です！

本授業の最終板書

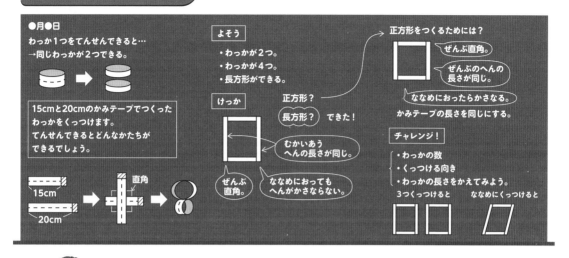

授業を振り返って

　2つの輪を切って四角形をつくるという数学的活動を通して，「既習事項を基に話し合い活動をすることで，正方形や長方形といった図形の概念についての理解を深め，性質について考察している」「図形に親しみながら活動している」といった子どもの姿を目指して授業を構成しました。導入では，いつもは与えられた図形を基に学習していた子どもたちが，輪を切るだけで予想もしていなかった図形が現れたことにより，自分たちがつくったこの図形はなんだろうという興味・関心をもつことから学習が始まりました。なぜそのような図形になるのか問うことで，「だって～でしょ？」と子どもたちは既習事項を使って説明しようとするので，単元で学習してきたことの理解の深まりを感じました。

　この教材はねらいをかえて5年生でも実践したことがあり，発問や展開の工夫次第で他学年でも応用が可能であると思います。

盛山からのコメント

　子どもたちが喜ぶハンズオン・マスを利用した授業です。子ども自らがつくったものを算数で議論する素材，考察の対象としているのがすばらしいと思います。自分でつくった図形について考察することで，より主体的に取り組むことができています。

　輪をつくって切るという算数・数学では一般的な素材ですが，2年の「三角形と四角形」の単元で扱うことで，子どもたちが挑戦したくなるよい教材となっています。子どもが次々に図形をつくりたがる，活気のある教室の様子が目に浮かびますね。

　単元の最後にこの授業を行うことで，正方形や長方形にたくさん触れることができ，既習の知識の定着も図ることができます。できれば三角形をつくることができる教材についても考えてみたいですね。

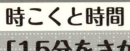

執筆者名▶桑原　麻里

2年 時こくと時間
「15分をさがせ！」

振り返って日常に照らし合わせ，新たな問いを生む授業！

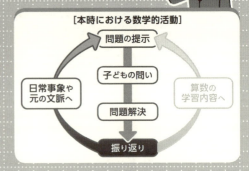

 授業のねらい　学校の時程を使って，日常生活における時刻と時間について考える。

用意するもの　時計の図（掲示用），学校の時程表（掲示用）

☑ 授業展開

本時は，「時こくと時間」の学習後に，学習の習熟と活用として，単元の最後に行う。

 盛山からのコメント

● 問題の提示

15分を見つけよう！

T：みんなが普段していることで，15分くらいのことってあるかな。例えば，夜寝ている時間は15分くらい？
C：絶対違うよ！　そんなに短くないよ。
T：そうだね。もっと長いよね。
T：じゃあ，歯磨きしている時間は15分くらいじゃない？
C：それ長すぎない？　5分くらいでしょ。
C：お風呂は15分くらいかも。
T：同じ15分でも，寝るには短いし，歯磨きには長いんだね。

時間に対する感覚を育てるための発問ですね。「寝ている時間」など極端に違う時間を提示することで，どの児童にも考えやすいようにしています。

● 子どもの問い

T：学校の生活ではどう？　15分ってあるかな？
C：休み時間が15分くらいじゃない？
C：本当に？　分からないな……。
T：確認してみよう。2時間目の終わりは10時20分，3時間目の始まりは10時30分だから……。

C：休み時間は10分だ。

C：休み時間は15分より短いね。

C：学校の中に15分はないんじゃない？

T：ではみんなで探してみましょう。

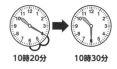

| 学校の中で15分はあるかな？ |

> 時計の図を使うことで，子どもの考えや表現を視覚的に表しています。時計の図のほかに数直線を使って表してもよいでしょう。

● 問題解決

◆学校の時程表を提示する。

T：水曜日の学校生活の時間を書いてみました。
これは絶対15分じゃないという時間はありますか。

C：1時間目から5時間目の授業の時間は15分じゃないよ。

朝自習	8：20～ 8：35
1	8：40～ 9：25
2	9：35～10：20
3	10：30～11：15
4	11：25～12：10
きゅう食	12：10～ 1：00
昼休み	1：00～ 1：45
そうじ	1：45～ 2：00
5	2：05～ 2：50
帰りの会	2：50～ 3：05

> この実践例では「午前」「午後」を省略していますが，同じ単元で学習する内容なので「午前」「午後」をつけて指導してもよいですね。

C：給食や昼休みも15分より絶対長いよ。

T：なるほど。それではそれぞれ15分を見つけてみましょう。

◆自力解決の時間をとる。

T：15分は見つかりましたか？

C：朝自習は15分だと思います。
8時20分から8時35分までだから，5，10，15とやっていくと15分です。

C：35－20＝15でも求められます。

C：掃除も15分です。1時45分から2時までだから，5分ごとにたしていくと，5分の3つ分で15分。

C：60－45＝15だね。

C：帰りの会も15分です。2時50分から3時5分までだから，5，10，15で15分です。

C：2時50分から3時までが10分，3時から3時5分までが5分で，あわせて15分。

> ひき算で求める方法は，教科書の単元順で「時こくと時間」より前に「2けたのひき算」を扱っていることを確認して取り上げるようにしましょう。

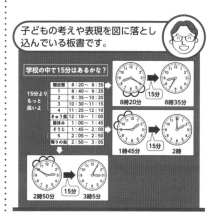

子どもの考えや表現を図に落とし込んでいる板書です。

● 振り返り

T：朝自習，掃除，帰りの会が15分ですね。では，となりの人にこの3つが15分だと説明してみよう。

◆ペアで説明をする時間をとる。

T：となりの人に説明しているときに，「掃除の時間は15分だけど，掃除をやっている時間は15分じゃない」と言っている人たちがいました。どういうことかな？

C：掃除にとりかかるのが早い人がいます。1時40分のチャイムからもう始めている人がいるよ。

C：その人は，1時40分から2時までで，20分掃除をしている。

C：1時55分くらいから放送でオルゴールが鳴るから，そこから片づけや反省会をしているよ。

T：1時45分から1時55分まで掃除をしたら何分かな？

C：55−45＝10で10分だね。

C：だったら給食だって同じことが言えるよ。

T：どういうこと？

C：給食の時間は15分より長いけど食べている時間は15分かも。

きゅう食を食べている時間は何分かな？

T：まず給食の時間は何分かな？

C：12時10分から1時だから，5，10，15……で50分。

C：60−10＝50で50分。

T：給食の時間は「食べる」以外にどんなことをしているかな。

C：準備，歯磨き，片づけだね。食べ終わって歯磨きを始めるのはいつも12時50分から。

C：食べ始めは12時25分のときもあれば，12時30分のときもある。

C：12時25分から食べ始めるときは，食べる時間は12時25分から12時50分までで25分。
12時30分から食べ始めるときは，食べる時間は12時30分から12時50分までで20分だ。

C：給食を食べている時間は15分より長いんだね。

深い学びのポイント

学習を振り返って日常に落とし込むことで，「算数的には15分だが実際は違う」という発展的な課題を子どもから生み出しています。課題に取り組むことで，学習内容の習熟も図ることができていますね。

深い学びのポイント

掃除の時間について考えることで，「給食の時間はどうだろう」という，さらに新しい問いが生まれています。子どもが条件を考えて，「このときなら○分，このときなら○分」と条件ごとに整理しているのがよいですね。

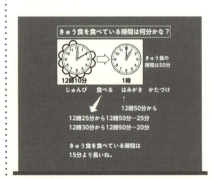

本授業の最終板書

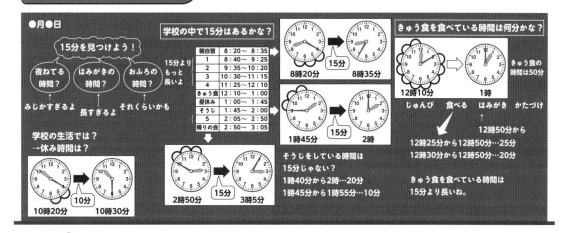

授業を振り返って

　2年生の学習でつまずく子どもが多いのが，この「時こくと時間」です。そこで，給食の時間や掃除の時間など，子どもたちに身近な題材を扱うことで，何とか「時刻」や「時間」について理解が深められないかと考えました。15分より長いか短いかを感覚で考える，正確な時間を求める，開始時刻や終了時刻の条件を変えて考えるなど，様々な視点から「時刻」と「時間」について考察する授業としました。

　過去の全国学力・学習状況調査においても，昼食時間の図を示して「食事の時間を5分長く，片づけの時間を3分短くすると，準備の時間を何分にすればよいか」という出題がありました。時刻を読んだり時間を求めたりするだけでなく，より生活に密着した「時刻」や「時間」の学習が望まれているのではないかと思います。

盛山からのコメント

　日常生活の中に算数の問題を落とし込もうとしている取り組みです。実際の学校の時程表を扱うことで，より身近なものとして「時刻」や「時間」について考えることができています。この授業を実践する際は，ぜひそれぞれの学校の実際の時程表を使っていただきたいと思います。

　この授業の優れているところは，ただ何分かを求めるだけにとどまらず，それを振り返ることで日常生活に照らし合わせて新たな課題を生んでいるところです。「掃除の時間は15分だね」で終わりにするのではなく「実際に掃除をしている時間は何分だろう」と子ども自らが課題意識をもって取り組んでいきます。また，その際に「○時○分から始めると○分」「○時○分までやると○分」と条件を変えて考えているところもよいですね。子どもも，この授業を通じて「時刻」や「時間」をより身近なものとして感じることができたのではないでしょうか。

2年 学級を盛り上げる算数パズル

　2年生では，1年生の算数の学習で経験したことをふまえたうえで，数感覚や図形感覚を豊かにしていきたいものです。ここでは，子どもたちの図形感覚を豊かにするための素地づくりとして，算数パズルをご紹介します。

　このパズルでは，1枚の正方形を右の図のように直線で切り分けてつくった5つのパーツを使用します。この5つのパーツを組み合わせて，下の8パターンの形をつくります。

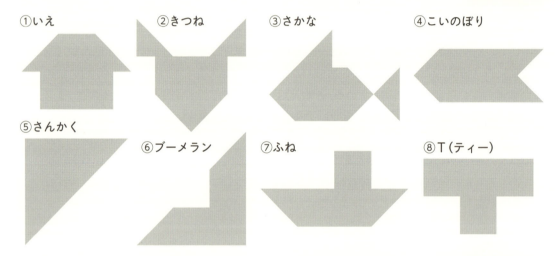

①いえ　②きつね　③さかな　④こいのぼり
⑤さんかく　⑥ブーメラン　⑦ふね　⑧T（ティー）

　実際にこの形づくりに挑戦してみたところ，④「こいのぼり」が子どもたちにとって手ごわい形でした。子どもたちは「できました！」と言ってできた形を見せてくれましたが，確認してみると，右のような太ったこいのぼりになっていました。

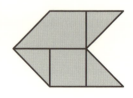

　すべての形を正しくつくると，下のようになります。

〔例〕

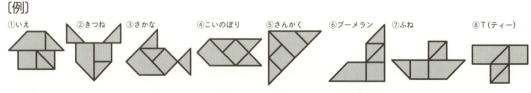

①いえ　②きつね　③さかな　④こいのぼり　⑤さんかく　⑥ブーメラン　⑦ふね　⑧T（ティー）

　高学年では「タングラム」を使って同じような活動に取り組むことができます。
【参考文献】　安野光雅　「はじめてであうすうがくの絵本1」　福音館書店（1982年）

（盛算研）

3年

授業実践例

第3章

1年
2年
3年
4年
5年
6年

執筆者名▶西山 渉

3年 1けたをかけるかけ算の筆算
「答えがいちばん大きくなるのは？」

数学的な見方をきたえる授業！

授業のねらい：3けた×1けたの筆算の計算の習熟を図るとともに，答えがいちばん大きくなる筆算を演繹的に考える。

[本時における数学的活動]

用意するもの　封筒，数カード（掲示用）

☑ 授業展開

本時は，3けた×1けたの計算の仕方を学習した後に，習熟と活用として行う。

● 問題の提示

T：1，2，3，4の数カードが入った封筒があります。封筒からカードを引いて，引いた順に あ→い→う→え の位置に置いて3けた×1けたの筆算をつくります。

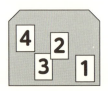

T：答えがいちばん大きくなった人の勝ちです。誰か前に出てきて封筒からカードを引いてもらえますか？

C：はーい。やってみたい。

● 子ども1人を指名し，封筒からカードを引かせる。

T：それでは○○さんが引いたカードでできた筆算をみんなで計算してみましょう。

● 同じように，何人か指名し筆算をつくり，計算をしていく。

C：今のところ，213×4＝852が答えがいちばん大きいから勝ちだね。

盛山からのコメント

問題提示のしかたが工夫されています。
くじ引きにすることでゲーム性を出し，子どもの興味をひいていますね。ただ筆算を解かせるだけでは飽きてしまう子どもたちも，自分や友だちが引いたカードの数字でつくった筆算ということで，自主的に取り組むことができています。

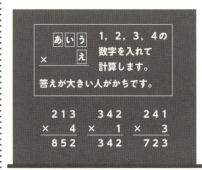

● 子どもの問い

● 1枚目のカードで「1」が出る。

C：あーあ，負けた。

T：まだ1枚しか引いていないのに，どうして分かるの？

C：だって百の位に1が入ったら，あんまり大きくならないよ。

C：4だったらいいのになぁ。

T：どうして4がいいのですか？

C：百の位に4が入れば，きっと大きい数になるよ。

C：かける数も重要だと思うよ。かける数にもなるべく大きい数を入れた方がいいね。

T：なるほど，大きい数をつくるためのコツが見えてきましたね。

C：答えがいちばん大きくなる筆算もつくれそうだな。

T：それでは，くじ引きではなく，カードを自分で好きなようにあてはめて，答えがいちばん大きい数になる筆算を見つけてみましょう。

何回か計算をしていくと，1枚目を引いた時点である程度勝敗を予想した声が上がり始めます。
予想の声に対して問い返し発問を使って，結果をどのように見通したかを確認しているのがすばらしいです。

子どもの思考に合わせて，筆算のつくり方をくじ引きから任意の場所に置く形式に変えています。
子どもの問いを受けて，本時のめあてを設定しているのがよいですね。子どもが自ら探求していく展開になっています。

答えがいちばん大きくなる筆算をつくろう。

● 問題解決

C：さっきの考えを使って，百の位に4を入れてみよう。

C：ぼくは，かける数に4を使って，かけられる数の百の位には3を入れてみるよ。

●自力解決の時間をとる。

T：それでは，みんなの考えを発表してください。

C：わたしの考えた，答えがいちばん大きくなる筆算は421×3です。

T：どのように考えたのですか。

C：まず，かけられる数の百の位にいちばん大きな4を入れます。次に，かける数に2番目に大きな3を入れました。

T：見つけ方のコツを上手に使って考えたのですね。

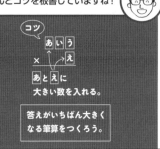

```
  4 2 1
×     3
-------
  1 2 6 3
```

このように考え方を聞くのはとても大切なポイントです。ついつい結果だけで次にいってしまいがちですが，きちんと子どもに説明させているのがgoodです。
また，見つけ方のコツを上手に使った点をきちんと価値づけしているところもよいですね。

C：もっと大きい答えの計算があります。ぼくはさっきの考えと似ていて，4と3を入れ替えたよ。

T：入れ替えるってどういうこと？○○さんの考え方が分かるかな。

このような問い返し発問もよいです。問い返すことで，1人の子どもの考え方を全体に広げてみんなで考えています。

C：はい。4をかける数にして，3を百の位にするのだと思います。
式は，321×4＝1284です。

C：本当だ。さっきよりも大きくなったよ。

T：入れ替えただけで答えが大きくなったね。
でも，3×4＝12，4×3＝12なのに，答えが変わったのはなぜでしょう。

深い学びのポイント

積の大きさの違いに注目させることで，かけられる数とかける数の関係から演繹的に考察し，理由を説明させています。

C：答えを比べると，1284－1263＝21で，21大きくなっています。

C：分かりました。かける数が1大きくなったので，答えが21大きくなったのだと思います。

C：そうか。式で表すと，
21×3＝63　21×4＝84になるからだね。

● 振り返り

C：その考え方を使えば，ベスト3も見つけられるね。

かけられる数とかける数の関係を使ってベスト3を見つけようとしています。振り返って算数的な学習内容を発展，活用している場面です。

T：その考え方を使えばってどういうこと？

C：かけられる数の百の位とかける数には3か4が入るから，かけられる数の2と1を入れ替えて，
412×3と312×4をつくるよ。

C：そうか，12×3と12×4のどちらが大きいか考えればいいんだ。

C：3番目は，312×4＝1248だね。

T：答えがいちばん大きくなる筆算をつくるときにどのように考えればよかったですか？

C：かけられる数の百の位とかける数に大きい数を入れたよ。そのあとは，2けた×1けたの答えが大きくなるようにすればよかったね。

C：見つけ方のコツを使えば，簡単にベスト3まで見つけることができたよ。

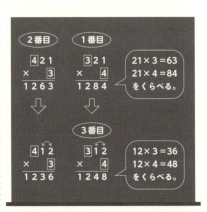

本授業の最終板書

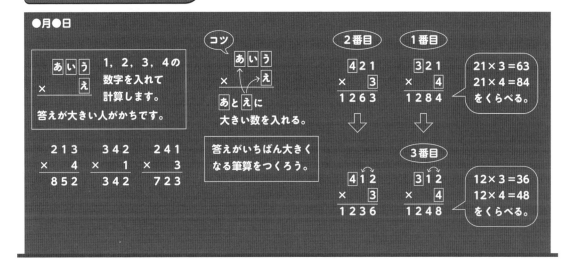

授業を振り返って

　かけ算の筆算の学習では，単純な計算練習をくり返してしまいがちです。そこで本授業では，ゲーム性を取り入れることで子どもの主体性を引き出し，自ら何問も筆算に取り組む姿を期待して実践を行いました。授業の前半では封筒から数カードを引く展開ですが，子どもの反応を生かしながらルールを広げていき，後半ではカードを自由に置きながら課題を探求するようにしています。また，「どのように考えたか」「積の差はいくつか」などを問うことで，かけられる数とかける数の関係に着目させ，より深い学びとなるよう工夫しました。

　数カードを1～9，0～9と変えることで，さらなる発展の問題となります。それぞれのベスト3を見つける活動では，一度見つけたきまりが成り立たないこともあり，大いに盛り上がる習熟の授業になると思われます。

盛山からのコメント

　子どもの「できそうだ」を問いにして全体のめあてとして広げていく展開がすばらしいです。問題意識が生まれたところで問題解決を行うことで，普段は子どもが進んで取り組まない筆算にも積極的に取り組ませることができます。

　後半では，かけられる数とかける数の関係を演繹的に考察し，子どもたちが自分なりの言葉で説明をしています。一度使った考えを活用してベスト3まで求めている姿も大切だと思います。

　最初に1，2，3，4だけでなくほかの数カードもさりげなく黒板に貼っておくと，「ほかの数でもやってみたい」という声を子どもたちから自然と引き出すことができます。

執筆者名 ▶ 水　華子

3年 2けたをかけるかけ算の筆算

「シールは たりるかな？」

図と式を関連づけて意味理解・意味づけをする授業！

授業のねらい　1位数×何十の計算について，形式的な計算の仕方から，意味が分かる計算の仕方へと深める。

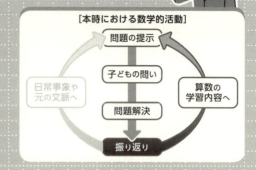

[本時における数学的活動]

用意するもの　シールの図・シールの図を隠す紙（掲示用），ワークシート（児童用）

☑ 授業展開

本時は，「2けたをかけるかけ算の筆算」の導入として，1位数×何十の学習を行う。

● 問題の提示

> 1シート4まい入りのシールを何シートか用意しました。にこにこ小学校には子どもが140人います。全員にシールを1まいずつ配ることができますか。

C：4枚入りのシールを何シート用意したんですか？
C：シールが140枚より多ければ配ることができるね。
T：用意したシールを少しずつ見せるね。

●下のようにシールを紙で隠して，まず縦1列を見せる。

C：4×3だから縦に12枚ある。
C：上側も見せて。横に何列あるか知りたい。

●縦1列を見せた後，子どもの要望を聞きながら，さらにシールを見せていく。

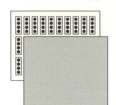

C：横に10列ある。
T：4枚入りのシールが何シートありますか？
C：3シートが10列だから，3×10＝30で，30シートある。

盛山からのコメント

少しずつシールを見せていくやり方は，子どもが興味をもって問題に取り組むようになる工夫です。

4×3＝12を見せておくことは，4×30の計算の仕方を考える際のヒントになります。

T：そうですね。4枚入りのシールを30シート用意しました。

● 子どもの問い

T：シールが全部で何枚あるか求める式は分かりますか？
C：4×30だ。
T：4×30の答えは分かる？
C：かける数が2けたの計算はまだ習っていないから分からないよ。
C：4×3の答えに0をつければいいと思う。答えは120だよ。
T：0をつけるってどういうこと？
C：う〜ん。
T：では4×30の計算の仕方を考えて、4×30の答えが、4×3の答えに0をつけた120になるか確かめてみましょう。

4×30の計算のしかたを考えよう。

● 問題解決

◆ **ワークシートを配付する。**

　自力解決の時間をとり，発表させる。

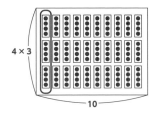

C：縦が、4のまとまりが3個で4×3＝12。
12が10個あるから、12×10＝120です。

T：今の説明を1つの式で表すことはできる？
C：4×3×10＝120です。

C：ほかの方法もあるよ。4×10＝40になって、40が3個あるから、40×3＝120です。
T：今のやり方を図で説明できるかな？

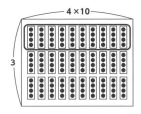

C：このように考えるよ。
C：1つの式に表すと
　　4×10×3＝120だね。

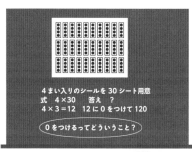

「0をつけるってどういうこと？」という問い返し発問をすることで，形式的な計算の仕方ではなく，計算の意味を考えさせているところがよいですね。

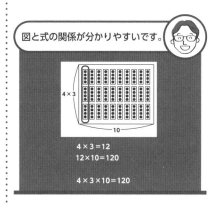

図と式の関係が分かりやすいです。

深い学びのポイント

図と式を関連づけて説明させるのがよいですね。この活動が計算の意味を理解することにつながります。

振り返り

T：4×30の答えは4×3の答えに0をつけた120になりましたね。

C：図を見ると0をつけるってどういうことか分かるよ。

深い学びのポイント

図や式を見て統合的な見方を働かせている場面です。
4×30の計算の仕方を考えることで，形式的な計算の仕方だけでなく，4×3の答えに0をつける意味を理解しています。

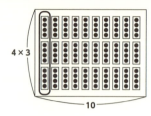

C：4×3×10の図を見ると，4×3が10個分あるよ。

C：だから4×3の答えの10倍になるんだね。

C：式でも0をつける理由が説明できるよ。

C：4×3×10＝120と，4×10×3＝120の式は，×10の場所が違うだけで，どちらも4と3と10をかけているよ。

C：本当だ。4×3×10だから，4×3の答えに0をつけた120になるんだね。

T：4×30の計算の仕方が分かったね。

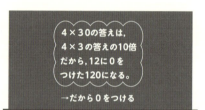

4×30の答えは，4×3の答えの10倍だから，12に0をつけた120になる。
→だから0をつける

T：ところで，用意したシールで，140人全員に配ることはできる？

C：配れない。120枚だからシールが足りないよ。

C：140－120＝20で，20枚足りない。

C：20÷4＝5だから，あと5シート必要だよ。

T：5シート増やせばいいんですね。

●5シート分のシールの図を見せる。

C：4×5＝20で，20枚あるね。

C：全部で35シート用意すればいいんだね。

C：4×35＝140になるんだ。

4×35＝140になるという子どもの気づきは，4×30と4×5に分けて考える布石となっています。これは，位に分けて計算するという考え方に結びつきます。
新しい課題発見でもあるので，「4×35はどうやって計算すればいいのかな？」という課題にして次の学習につなげていくことも考えられます。

T：今日は4×30の計算の仕方を考えました。

C：図を使って考えると分かりやすかったよ。

本授業の最終板書

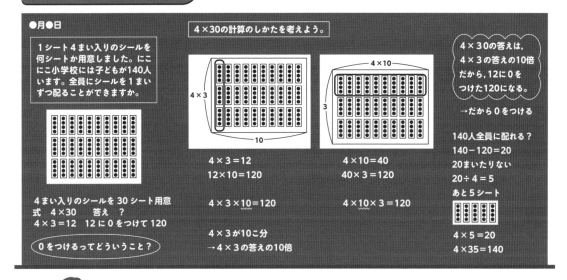

授業を振り返って

　何十や何百をかける計算の学習をするとき，後から機械的に答えに0をつけることだけが，子どもの頭に残ることが懸念されます。そこで，図を使って計算の意味を考える活動を行いたいと考えました。

　本校では，シールを全校に配るというイベントがあります。子どもたちが楽しみにしているそのイベントを，本時の問題場面に設定しました。そして，シールの図を使って，子どもたちと4×30の計算の仕方を考えました。

　図と式をしっかり関連づける授業を行うことで，機械的に計算の仕方を覚えるのではなく，計算の仕組みを子どもたちが説明できるようにしたいと考えています。

盛山からのコメント

　子どもたちは，4×30の計算の仕方を説明するときに，「4×3をして0をつければいい。」と言います。そんなときは必ず「0をつけるってどういうこと？」と意味を問います。形式的な計算の仕方を学ぶのではなく，意味を考えることが大切なのです。

　「0をつけるってどういうこと？」という問いは問い返し発問にあたります。問い返し発問をすることで，子どもたちは意味を考え，深い学びにつながるのです。

　また，計算の仕方を説明するときは，この授業のように図と式を関連づけながら説明することが大切です。子どもが式を発表したら，次は別の子に図を使ってその式の説明をしてもらうようにします。これも深い学びにつながるポイントです。

執筆者名 ▶ 桑原 麻里

3年 三角形と角
「あたりの三角形はどれかな？」

図形の見方をひろげる見事な実践！そして新しい問題発見まで！

授業の
ねらい
辺の長さに着目して，三角形を分類・整理することで，二等辺三角形や正三角形の定義を理解する。

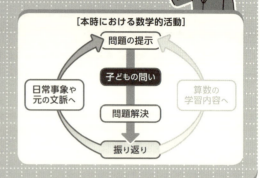

用意するもの 円弧上や円の中心を通る三角形をかいたくじ（掲示用），ワークシート（児童用）

☑ 授業展開

本時は，「三角形と角」の導入として行う。

●問題の提示

T：これは何に見えますか。
C：円。
C：時計みたい！

C：点が打ってある。12個あるし，本当に時計みたいだね。
C：円の中心も入れたら13個の点があるよ。
T：円の中心が分かるかな？ 円の単元で，中心のほかにどんなことを学習しましたか？
C：半径，直径。
T：半径ってどこかな？
C：中心からほかの点までのところ。
C：その1つだけでなく，半径はたくさんあるよ。
T：それでは，3つの点を直線で結んで三角形を1つかいてみましょう。
●同じ図のワークシートを配付し，三角形を1つかかせる。
かいた三角形は授業の後半で使用するので置いておくように伝える。

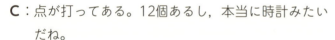

盛山からのコメント

「中心」「半径」という言葉や，図形の見方を確認しています。授業の後半で思考しやすいように布石を打っているのですね。

算数用語や気づきをしっかり板書しています。

T：さて，今日は三角形でくじ引きをします。

●下のような7つの三角形をかいた画用紙を用意し，子どもに引かせる。
　裏に「あたり」「はずれ」と書いてあるので，裏を見せながら分類していく。

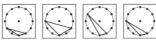

> 「あたり」「はずれ」は，途中からはすぐに見せずに予想をさせるとよいでしょう。どうしてそのように思ったのか根拠を聞いてもよいですね。

C：「あたり」の三角形が分かった。
C：頂点が中心を通っている三角形が「あたり」だよ。頂点が中心を通っていないのが「はずれ」じゃないかな。

○子どもの問い

T：どれが「あたり」か分かったね。もう少しくじ引きをしよう。
　くじが少なくなったから，くじを増やしますね。

●下のような4つの三角形をかいた画用紙を追加する。
　子どもに引かせ，「あたり」「はずれ」を伝える。

> 子どもたちが導き出した「あたり」や「はずれ」の性質とは違う三角形を後から追加しています。意外性から子どもたちの問いを生む，うまい工夫です。

C：えーっ！　中心を通ってないのに「あたり」だよ。
C：中心が三角形の中にあるのが「あたり」じゃない？
C：でも「はずれ」にも中心が三角形の中にあるのがあるよ。
C：じゃあ違うね…。

「あたり」の三角形はどんな形かな？

○問題解決

C：きれいな形なのが「あたり」だと思います。
C：円の上の方にあるのが「あたり」で，円の下の方にあるのが「はずれ」じゃないの？

> #### 深い学びのポイント
> 子どもの問いからめあてをつくっています。ここから，「あたり」はどんな形なのか子どもたちが帰納的に追究していきます。

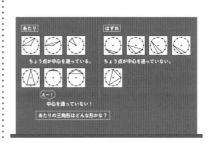

63

C：そうじゃないのもあるから違うよ。
C：曲がって置かれているのが「はずれ」じゃない？
C：曲がってても「あたり」のもあるよ。
C：分かった！　この辺とこの辺を見て。
C：辺の長さが同じだ！
C：2つの辺の長さが同じだね。
C：「はずれ」は同じ長さの辺がない。
T：どうして辺の長さが同じって分かるの？
C：折ってみればいいよ。
C：定規で測ってもできるよ。
C：定規を使わなくてもコンパスを使えば分かるよ。
C：ここは半径だから絶対同じ長さだよ。
　　測らなくても分かる。
T：「あたり」の三角形の辺の長さが確かめ
　　られたね。

子どもが辺の長さに着目して図形を見始めるプロセスです。最初は三角形の位置や置き方に目を向けていますが，次第に辺の長さに着目するようになっていきます。この対話が大切です。

半径の長さがすべて等しいという円の性質を使って二等辺三角形にせまっています。最初のおさえが生きていますね！

● 振り返り
● **最初に児童がかいた三角形を出すよう指示して，いくつか掲示する。**

T：最初にみんながかいた三角形を見てみましょう。
　　どうやらこの三角形が多いみたいですね。これは「あたり」かな？　「はずれ」かな？
C：「はずれ」じゃないよね。
C：でも2つじゃなくて3つの辺の長さが同じだよ。
C：じゃあスペシャルだね。「大あたり」だ！
T：今日のくじ引きは三角形のどこに着目したら「あたり」か「はずれ」かが分かったかな？
C：辺の長さ！
T：そうでしたね。
　　2つの辺の長さが等しい三角形は，二等辺三角形といいます。
　　そして，3つの辺の長さが等しい三角形は，正三角形といいます。

深い学びのポイント

二等辺三角形について考察した後に，最初に子どもたちがつくった素材について考察しています。元の文脈に戻って新しい問題を発見している場面です。

着眼点を強調してから，しっかり知識としてのまとめをしています。

本授業の最終板書

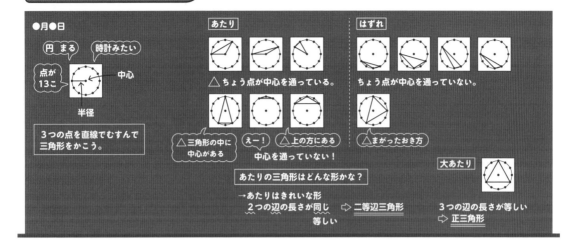

授業を振り返って

　「三角形を3つのグループに分けてみよう！」，あるいは，あらかじめ3つのグループに分けておき「どのようにグループ分けしていると思いますか？」と発問するのは簡単です。しかし，こういった発問をしなくても子どもが自ら三角形の構成要素に目を向けて，三角形を定義づけできないものかと考えました。辺の長さに目を向けさせるにはどうすればよいか，という点については苦心しました。そこで，はじめはあえて別なこと（中心を通っていること）に目を向けさせて，途中でその理由があてはまらない別の事象（中心を通っていないのにあたり）を提示する展開にしています。これまでに考えていた理由では説明がつかなくなったときに，さらに思考を働かせ，学びに向かう力が加速すると考えました。

　この素材は，5年生で学習する「合同な図形」，あるいは6年生で学習する「対称な図形」でも工夫して使うことができます。

盛山からのコメント

　くじ引きを工夫することで，見事に子どもから問いを生んでいます。「中心を通っているものがあたり」という予想が裏切られることから強烈な問いが生まれ，子どもたちが真剣に解決に向かって思考を巡らせていきます。最初は三角形の位置や置き方に着目していた子どもたちが，子どもたち同士や先生との対話を通して次第に辺の長さに着目していきます。

　また，「2辺の長さが同じ三角形があたり」という解決を得た後に，最初に作図した正三角形を出して新しい問題を発見する展開も見事です。最後は「辺の長さに着目する」という本時のポイントをおさえて，二等辺三角形，正三角形の知識を伝達しています。きっと子どもたちの心に残る三角形の導入の授業になったことでしょう。

執筆者名▶西山 渉

3年 ぼうグラフ
「グラフをくらべるには？」

統計的探究プロセスそのものの授業！

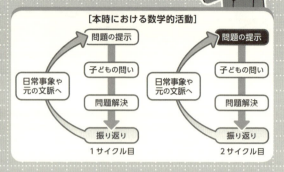

授業のねらい 目的に応じて，棒グラフをつくり変え，グラフを比較する方法を考え，傾向を読み取る。

用意するもの 項目や棒が移動できる棒グラフ（掲示用）

☑ 授業展開

本時は，「ぼうグラフ」の学習後に，学習の習熟と活用として，単元の最後に行う。

● 問題の提示

3年1組と2組のそれぞれの遊び係が，すきな学級遊びのアンケートをし，ぼうグラフに表しました。

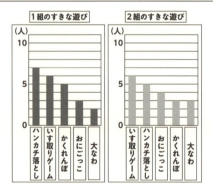

T：1組と2組を比べて，分かることはありますか？
C：1組はハンカチ落としがいちばん多いけど，2組はいす取りゲームがいちばん多いね。
C：好きな順番が分かりやすいね。
C：かくれんぼは，1組が5人で，2組が4人だよ。
C：違うよ。2組は3人だよ。
C：あっ！　棒の場所を間違えていました。
C：下の項目がばらばらだから，分かりにくいね。

盛山からのコメント

黒板に貼ったグラフの項目や棒を動かせるようにしているところが，この授業のポイントです。後の展開で活きてきます。

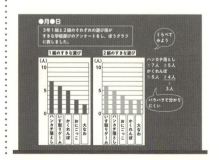

子どもの問い・問題解決

T：項目ごとに比べやすくするにはどうしたらいいかな？
C：項目の並べ方を，1組と2組でそろえたらどうかな。
T：どういうこと？　実際にやってみて。
C：1組に合わせて，2組を動かすと……。

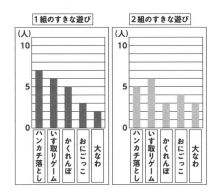

C：項目の並びがそろっているから，比べやすくなった。
C：かくれんぼが好きな人は，1組の方が多いね。
C：おにごっこが好きな人は，2組の方が多いよ。
T：1つ1つの項目で，どのくらいの差があるかな？
C：えーと，ハンカチ落としは，1組が7人で，2組が5人だから，人数の差は2人だね。
T：ぱっと見て差が分かる方法はないかな？
C：それなら，棒を横に並べればもっと分かりやすくなりそう。こう並べたらどうかな。

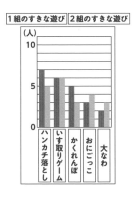

振り返り

C：これなら，となり同士で違いがよく分かるね。
C：最初のグラフは好きな順番が分かりやすかったけど，これは項目ごとの人数が比べやすい。
C：目的によって，グラフをつくり変えるといいんだね。

先ほどと同じグラフを今度は項目をそろえて読み取っているのがよいですね。
扱う要素が多い授業なので，45分で収めるために，項目がそろっているこのグラフをはじめに提示して，ここから授業をスタートさせてもよいです。

棒を横に並べるアイデアが子どもから出てこない場合は，教師から提示し，どのようなよさがあるかを考えさせます。
横に並べるよさを，ここでしっかりおさえることが，この後の展開につながります。

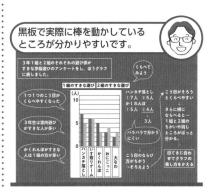
黒板で実際に棒を動かしているところが分かりやすいです。

● 問題の提示

T：6年生も同じように好きな学級
　遊びを棒グラフに表しました。
　3年生と比べて分かることは
　あるかな？

C：なんか人数が多いような感じ
　がするよ。

C：先生，6年生ということは，
　1組と2組の両方ということですか？

T：そうです。これは学年全体のグラフですね。

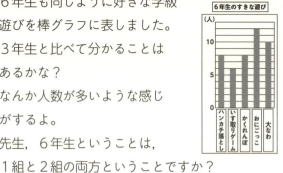

6年生は学年全体のグラフを提示しています。
3年生のクラスごとの棒を縦に並べるアイデアを出させるために，6年生全体と比べるという場面にしているのがgood！

● 子どもの問い・問題解決

C：3年生のグラフが1組と2組で分かれているから比べにくいね。

C：3年生のグラフも学年でまとめられないかな。

T：それでは比べやすいようにグラフをつくり変えてみましょう。

C：さっきは，棒を横に並べたけど，今度は縦に並べたらどうかな。

T：縦に並べるってどういうことかな？

C：1組と2組のグラフをこうつくり変えて……。

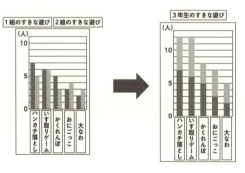

C：なるほど。比べやすい！　縦に並べるということは，1組と2組の人数の合計になっているね。

C：6年生は外遊びが多いね。

C：6年生は，クラスで大なわに取り組んでいるよね。

● 振り返り

T：グラフに表すときのポイントは何だろう？

C：目的によってグラフをつくり変えるといい。

はじめに棒を横に並べる動きを見せたことで，学年全体と比べるために棒を縦に並べるというアイデアが生まれやすくなっています。

深い学びのポイント

目的に応じて次々とグラフをつくり変えています。
つくり変えたグラフを使って比較することで，グラフをつくり変えるよさを実感できます。

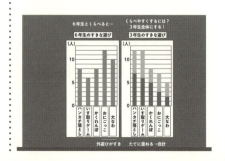

本授業の最終板書

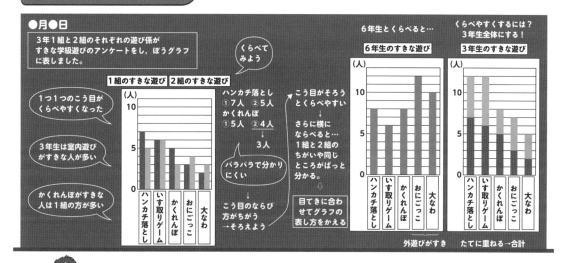

授業を振り返って

　本単元では，ただグラフをかいたり，読み取ったりするだけでなく，目的に応じて，データをどのように整理すればよいかを考えることが重要です。そこで，グラフを比較する場面をつくることで，目的に応じてグラフをつくり変える必然性が生まれるような授業構成を考えました。前半では，1組と2組のグラフを比較し，項目の並びのずれから，子どもの発想を喚起し，比べやすくする方法に気づかせます。そして，後半では，6年生全体のグラフを示し，1組と2組を合計する（棒を縦に並べる）ことで比較しやすくなることに気づかせます。

　グラフの読み取りでは，日常生活の場面を想起させることで，各クラス，各学年の特徴や傾向をとらえることを大切にしています。そうすることで，日常の様々な事象について，目的に応じて，データを分類し，整理する基礎を養っていきたいと考えます。

盛山からのコメント

　この授業のポイントは，黒板に貼ったグラフの項目や棒を動かせるようにしているところです。実際に動かして見せることで，目的に応じてグラフをつくり変えてよいことを子どもたちに伝えることができます。

　3年生の「クラスごとのグラフ」と違い，6年生は「学年全体のグラフ」を提示しているところもうまいです。棒グラフを，横に並べたり，縦に並べたりと，目的に応じたグラフの表現を引き出す工夫がすばらしいです。やや先生主導の授業ではありますが，統計的探究プロセスを子どもたちに経験させることができます。

　目的に応じてグラフを修正していくことは，これからの統計学習のポイントです。「目的に応じた」グラフの表現の変容を，子どもたちに経験させているとても深い授業です。

3年 学級を盛り上げる算数掲示

　3年生になり，子どもたちに主体的に算数学習に取り組ませたいと思ったときには，掲示物を工夫すると効果的です。ここでは，「先生からの挑戦状」という名前で，算数の問題を毎月1問ずつ掲示する方法をご紹介します。何も言わずに掲示するだけでも，子どもたちは興味をもって問題に取り組むようになります。

　「たし算とひき算の筆算」の学習後には，下のような虫食い算の問題を出題します。これらの問題はオープンエンドになっているため，数カードも一緒に置いておくことで，いろいろな組み合わせを試すことができます。

先生からの挑戦状①
1から9までの数字を1つずつ□に入れて，次の筆算を完成させましょう。

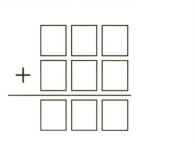

先生からの挑戦状②
0から9までの数字を1つずつ□に入れて，次の筆算を完成させましょう。

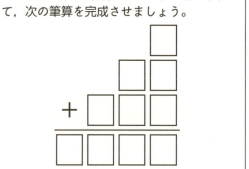

　上の挑戦状①では，ただ筆算を完成させるだけではなく，いろいろな組み合わせのうち「いちばん大きい答えは？」「いちばん小さい答えは？」など，子どもたちが自ら課題をつくって問題に取り組むこともできます。また，この筆算では，答えの各位の和が18になるというきまりがあります。このようなきまりに気づかせるようにしてもおもしろいですね。

　挑戦状②を解くためには，和が4けたになることから，「和の千の位には1が入る」「上から3段目の百の位には9が入る」ことに気づく必要があります。このような問題を出すことで子どもたちの論理的な思考を育むことができます。

　この「先生からの挑戦状」の問題は，解けそうだけれど少し難しいといったレベルの問題がおすすめです。次第に子どもたちは挑戦状をクリアすることが楽しみになり，「次の挑戦状はまだなの？」と催促されることもしばしばです。

(盛算研)

授業実践例

4年 2けたでわるわり算の筆算
「□0□÷27でわりきれるのは？」

執筆者名 ▶ 田中　径久

振り返りの連続で，数学的な見方・考え方を育てる授業！

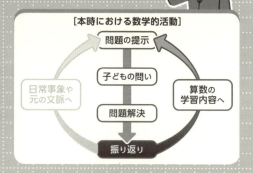

[本時における数学的活動]

授業のねらい　2けたでわるわり算の筆算に取り組み，27でわり切れる4けたの数のきまりについて考える。

用意するもの　1から9までの赤の数カード・21から29までの青の数カード（掲示用），27)□0□と書いた画用紙（掲示用）

☑ 授業展開

本時は，「2けたでわるわり算の筆算」の学習後に，学習の習熟と活用として，単元の最後に行う。

● 問題の提示

> □と□に数カードをあてはめて，
> 4けたの数をつくり，わり算をしましょう。
> あまりなくわりきれたら，ラッキーです！

●黒板に赤と青の数カードを貼っておき，□に赤の数カード，□に青の数カードをあてはめて4けたの数をつくることを確認する。

赤の数カード
| 1 | 2 | 3 | 4 | 5 |
| 6 | 7 | 8 | 9 |

青の数カード
| 21 | 22 | 23 | 24 | 25 |
| 26 | 27 | 28 | 29 |

※□は赤，□は青を表しています。

T：最初に3問つくってみんなで解きます。問題づくりに協力してくれる人はいますか？
C：はい。ぼくはわられる数を4021にしようかな。
C：わたしは，3025にするね。
C：ぼくは，わられる数が大きくなるように9029にするよ。

盛山からのコメント

2けたでわるわり算を何度も計算するのは大変ですが，子どもたちが進んで計算に取り組もうとする場面設定になっています。
2けたでわるわり算の活用とともに，習熟も図れる授業です。

※□は赤，□は青を表しています。

T：では，問題が3問できたので，筆算で解きましょう。27でわり切れたらラッキーですよ。

●一人ひとりがノートにわり算の筆算を書いて解く。

● 子どもの問い

T：計算した結果を発表してもらいましょう。
C：④0②1÷27=148あまり25です。
C：③0②5÷27=112あまり1です。
C：⑨0②9÷27=334あまり11です。

深い学びのポイント
計算結果が出た後に振り返って，答えから分かること，言えそうなことを考察させているのがよいですね！

T：どれも27でわり切れませんでしたが，計算結果を見て，わり切れる数を考えることはできないかな？
C：③0②5÷27だけど，1あまるってことは，わられる数を1減らせばいいんじゃないの。
T：それって，どういうこと？
C：③0②5から1減らして③0②4にすればわり切れるんじゃないかな。
C：本当だ。③0②4÷27=112で，あまりが0になったよ。
T：なるほど。計算して出たあまりを見て，わられる数を変えるというのはいい考えだね。
T：では，もう少し時間をとるので，今度は自分で赤と青の数カードをあてはめて27でわり切れる計算を探してみよう。

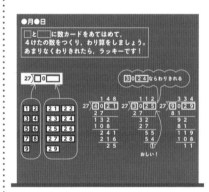

● 問題解決

●自力解決の時間をとり，27でわり切れる式を発表させる。子どもが発表した式はすべて用意した画用紙に書き，黒板に貼って，計算して答えを確認する。

T：どれも27でわり切れましたね。では，わられる数を見てください。何か気づいたことはあるかな？
C：はい。わられる数のすべての位の数をたすと9になるよ。前にもやったよ。

●9でわる計算は，わられる数の各位の数の和が9の倍数であればわり切れるということを，「1けたでわるわり算の筆算」のときにすでに学習していた。

既習の考えが活きていますね！
「1けたでわるわり算の筆算」のときにこの考え方を学習していたおかげで出た意見だと思います。
「1けたでわるわり算の筆算」で養っておくとよい考え方です。

T：それって，どういうこと？
C：1026だと1＋0＋2＋6＝9になるし，4023も4＋0＋2＋3＝9になるってこと。
T：前の学習をよく覚えていたね。ほかの計算はどう？
C：どれも9になっているよ。

C：ほかにも気づきました！　わられる数の赤と青の数をたすと27になるよ。
T：27になるって，どういうこと？
C：だって，[1]0[26]だったら1＋26＝27になるし，[4]0[23]なら4＋23＝27になるよ。
T：それって，その2つだけじゃないの？
C：黒板の計算は，どれも赤と青の数をたすと27になるよ。
T：本当だ！　確かにそうだね。

深い学びのポイント

計算結果を振り返って，和が9や27になるというきまりを見つけています。
きまりを見つけたときに，ほめて価値づけているところもよいです。

赤と青の数をたすと27になるということが見つけやすい板書です。

●振り返り

T：赤のカードの7, 8, 9があまったけど，このカードでは27でわり切れる数はつくれないんだね。
C：先生，青のカードを増やしてもいいですか？
T：青のカードを増やすって，どういうこと？
C：赤が7で青に11を入れて[7]0[11]にすれば，7＋0＋1＋1＝9になるから，わり切れるんじゃないかな。
C：ぼくは，赤が7で青を20にして[7]0[20]にしたらいいと思うな。そうすると，7＋20＝27になるよ。
T：では，[7]0[11]÷27と[7]0[20]÷27の2つを実際に計算して確かめてみましょう。
C：[7]0[11]÷27＝259あまり18で，わり切れなかったね。
C：[7]0[20]÷27＝260で，わり切れたよ。

自分たちが見つけたきまりを使ってさらに問題を考えようとしている姿がよいですね！

T：今日の授業で分かったことは何かな？
C：27でわり切れる数にするには，わられる数のすべての位の数がたして9になるだけではだめなんだ。
C：赤と青の数をたして27になればわり切れそうだね。
C：27でわり切れる数には，おもしろいきまりがあるということが分かりました。

深い学びのポイント

問題場面を発展させて考えることで自分たちの見つけたきまりを統合しています。

本授業の最終板書

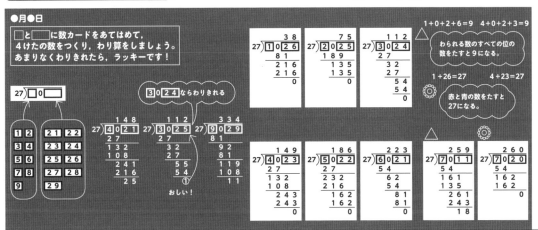

授業を振り返って

　この問題を考えるきっかけになったのは，27×37＝999になるという計算です。1000から9000までの数を27もしくは37でわると，1000ならば1，2000ならば2，……，9000ならば9あまるというおもしろい仕組みから本授業は生まれました。

　この計算の仕組みを4年生が説明するのは難しいと考えます。そこで，本時における数学的な考え方で大切にしたのは以下の2つです。①まず計算してみて，その結果から，あまりに着目して，わられる数をわり切れる数に変えようとすること，②わり切れた結果から，赤と青の数に着目して，赤と青の数をたすと27になるということに気づくことです。本当に27でわり切れるか確かめるために，意欲的に計算する子どもの姿が見られました。

盛山からのコメント

　この授業は，27でわり切れる計算を試行錯誤して見つけ，その計算結果を振り返ってきまりを見つけていく授業です。計算して出たあまりを見て考察したり，きまりを見つけたりという数学的に考えさせる場面が多く入っています。そして最後には問題場面を発展させて子どもたちが見つけたきまりを統合させています。

　今回は，用意された数カードの世界だけで通じる特殊な場面でのきまりですが，おもしろい教材だと思います。たして27が見つけやすいように数カードを赤と青の2枚に分けたところもこの教材の工夫されている点です。子どもたちが楽しみながら計算の習熟ができる授業になっています。

執筆者名 ▶ 中尾 祐子

4年 分数

「$\frac{2}{3}$と同じ大きさの分数を見つけよう」

統合的な見方・考え方を働かせて知識を深める授業！

授業のねらい 大きさが等しく表し方の異なる分数があることを理解し，等しい大きさを図と分数で表すことができる。

[本時における数学的活動]
問題の提示 → 子どもの問い → 算数の学習内容へ → 問題解決 → 振り返り → 日常事象や元の文脈へ

用意するもの 色をぬったカード（掲示用），方眼シート（児童用）

☑ 授業展開

本時は，「分数」で，簡単な場合についての同値分数の概念と出合う場面として扱う。

● 問題の提示

T：色がぬられている部分の大きさはどちらが大きいでしょう。
C：**イ**の方が大きいと思う。
C：ぼくは**ア**だと思うよ。
C：同じじゃない？
C：切って重ねれば分かる。
C：**ア**はだいたい$\frac{2}{3}$で，**イ**は……。
T：どうして**ア**が$\frac{2}{3}$だと思ったの？
C：3つに分けて，その2つ分だから。
C：正方形を3等分して，$\frac{1}{3}$が2個で$\frac{2}{3}$になるよ。
T：正方形を同じ大きさに分けて，分数で表そうと思ったんだね。正方形の大きさを1として，3等分になるように線を引くとこうなるよ。
C：やっぱり**ア**は$\frac{2}{3}$だ。

盛山からのコメント

最初は分割の線を入れていない状態の図を提示しています。後から分割のしかたを提示することにより，「分数」を意識させているのですね。

基にする正方形の大きさを1として表すことをここでしっかり約束していてgoodです。

T：**イ**はどうかな？**ア**と同じように線を引いて考えられないかな？

C：縦にも線を引けばいいよ。

C：**イ**は12個に分けた8個分だから$\frac{8}{12}$だ。

T：分数で表すと，**ア**は$\frac{2}{3}$で，**イ**は$\frac{8}{12}$なんだね。大きさはどちらが大きいのかな？

C：**イ**の色がぬられた上の2つを下の白いところに移動させれば**ア**と同じになるよ。

C：**ア**も**イ**と同じように線を引くと，$\frac{8}{12}$になるよ。

C：ということは，大きさは同じだ。

T：大きさの同じ分数は，$\frac{2}{3}=\frac{8}{12}$と式で表すことができます。

子どもの問い

T：移動したり線の引き方を変えたりすることで，大きさを比べることができたね。$\frac{2}{3}$と同じ大きさの分数は$\frac{8}{12}$なんだね。

C：まだあるよ！

T：$\frac{2}{3}$と同じ大きさの分数がまだあるの？ 本当に？

C：もっと見つかると思う。

T：ほかにもないか図をかいて探してみようか。

$\frac{2}{3}$と同じ大きさの分数を見つけよう。

C：**ア**の図から横や縦に線を増やしていけばよさそうだ。

C：同じ分数でもいろいろなぬり方があるね。

問題解決

●自力解決の時間をとる。

T：いろいろな図をかいたね。どんな分数になるかな。

C：横に6つに分けて，その4つ分で$\frac{4}{6}$。

C：縦に2つ，横に3つにも分けられる。

C：$\frac{4}{6}$もいろいろな分け方やぬり方があるね。

C：移動すると，$\frac{2}{3}$と同じ大きさだね。

縦に分割するアイデアはできるだけ子どもから出させたいですね。子どもから出づらいときは先生が出してしまってもよいでしょう。

$\frac{2}{3}=\frac{8}{12}$と等しい分数を等式の形で示し，図と式をつなげていることがすばらしいです。

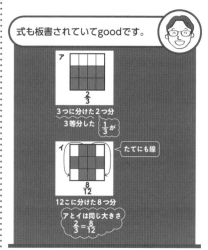
式も板書されていてgoodです。

「$\frac{2}{3}$と同じ大きさの分数はまだあるのかな？」という子どもの問いをクラス全体の課題としています。これにより，子どもが主体的に課題に取り組んでいますね。

C：9等分した6つ分で$\frac{6}{9}$です。

C：$\frac{6}{9}$も$\frac{4}{6}$と同じようにいろいろな分け方やぬり方があるんだね。

C：$\frac{2}{3}$，$\frac{4}{6}$，$\frac{6}{9}$，次は，さっきもやった$\frac{8}{12}$になっているよ。

C：$\frac{4}{6}$も$\frac{6}{9}$も$\frac{8}{12}$も，全部$\frac{2}{3}$と同じ大きさなんだね。

T：式に書けますか？

C：$\frac{2}{3}=\frac{4}{6}=\frac{6}{9}=\frac{8}{12}$　です。

深い学びのポイント

子ども自らが統合的な見方・考え方を働かせて知識を深めている場面です。いろいろな分数で表した大きさがすべて$\frac{2}{3}$と等しいということを，式と図と言葉を関連づけることによって理解しています。

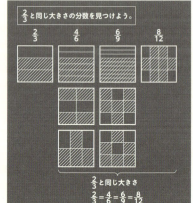

振り返り

T：これはどうでしょう？

C：三角形に分けているね。

C：3つに分けた2つ分だから$\frac{2}{3}$だ。

T：ということは，これも同じ大きさになっているんだね。

C：$\frac{2}{3}$だからそうだと思うけど。

C：切って移動してみると…あれ？大きさが違うね。

T：$\frac{2}{3}$なのに，大きさが違うものもあるんだね。

C：違うよ。白いところの大きさが大きいから，「三分の」じゃないよ。

T：白いところの大きさが大きいってどういうこと？

C：白い三角形の真ん中に線を引くと，白のところは色をぬった三角形2つ分の大きさになる。

C：じゃあこれは，4つに分けた2つ分だから，$\frac{2}{3}$じゃなくて，$\frac{2}{4}$だ。

C：分数は1つ分をきちんと決めて，等分しないといけないんだね。

深い学びのポイント

ミスコンセプションが生まれやすい発展的な課題です。これを考えることによって分数の意味理解を深めることができています。

T：今日の授業ではどんなことが分かりましたか。

C：$\frac{2}{3}$の大きさには，いろいろな分数の表し方があることが分かりました。

C：分母や分子は違っても大きさの等しい分数があるんだね。

本授業の最終板書

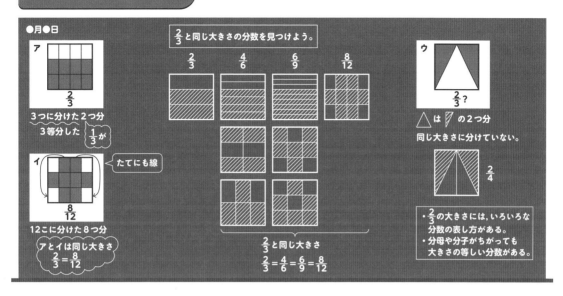

授業を振り返って

$\frac{2}{3}$の大きさに色をぬるという作業を通して，数だけでなく量として分数の大きさを実感してほしいと思い，面積図を使用しました。分割の仕方や色をぬる場所で図の表現は違ってもすべて等しい大きさになるということを，図を使って色のついた場所を移動させることでより深く理解できたのではないかと思います。また，授業の後半では直感的に$\frac{2}{3}$ととらえてしまいやすいウの図を取り上げることにより，基準量や単位分数，分母，分子を意識した児童の発言を多く取り上げ，図と数をつなげながら思考し説明させました。

次時では，面積図と数直線を並べながら「数としての分数」と「量としての分数」を密接に関連づけることで，同値分数の理解を深めるとともに，異分母同分子の大小比較につなげていきます。

盛山からのコメント

この授業の深い学びのポイントは2点あります。1つは，$\frac{4}{6}$，$\frac{6}{9}$，$\frac{8}{12}$などいろいろな分数で表した大きさを「$\frac{2}{3}$と同じだ」ととらえる場面です。子ども自身が統合的な見方・考え方を働かせて，分数への理解を深めています。もう1つは，ウの図を提示することで教師が子どもの思考を揺さぶっている場面です。子どものミスコンセプションを引き出すことで，それを克服する場面で分数についての意味理解を深めています。

等しい大きさの分数を等号で結んだ式の形で表すこともこの授業のポイントです。図と式と言葉を関連づけて，分数への理解をより強固なものにしています。

執筆者名 ▶ 桑原　麻里

4年　面積
「どの辺の長さが分かればいい？」

面積を図形領域に置いた理由がよく分かる授業！

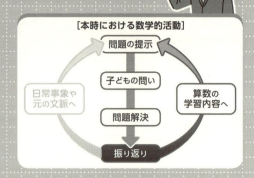

[本時における数学的活動]

授業のねらい　どの辺の長さが分かれば面積を求められるかを考えることで，既習の図形を意識して複合図形の面積の求め方を考える。

用意するもの　複合図形が書かれた紙（掲示用），ワークシート（児童用）

☑ 授業展開

本時は，長方形と正方形の面積を学習後に，複合図形の学習として行う。

● 問題の提示・子どもの問い

 この図形の面積を求めたいと思います。どの辺の長さが分かれば，面積を求めることができますか。

C：数字が書かれていないよ。答えは出さなくていいの？
T：面積を求めるには，どの辺の長さが分かればよいかということだから…。
C：面積は求めなくていいんだ。
T：この図形には辺が何本ありますか？
C：6本あります。
T：じゃあ，6本の辺の長さが分かれば，面積を求められますね。
C：全部分かれば求められるけど，全部分からなくても面積を求められるよ。
T：では，どの辺の長さが分かれば面積を求められるか考えてみましょう。

● 問題解決

● ワークシートを配付して，自力解決の時間をとる。

盛山からのコメント

辺の長さを示さないことで，複合図形の面積を求めるのではなく，面積を求めるために必要な辺の本数を考える問題になっています。図形的な見方をさせる問題提示です。

全部の辺の長さが分からなくても求められるという言葉を子どもから引き出すためのよい発問です。

T：どの辺の長さが分かれば，面積を求められますか？

C：●をつけた辺の長さが分かれば，面積を求められます。

T：どうしてこの辺の長さが分かれば面積を求められるのか説明できる人はいますか？

長さを知りたい辺に●をつけてもらい，別の子にどうしてその辺に●をつけたのかを説明させているのがよいですね。

C：2つの長方形に分けて考えたのだと思います。
長方形の面積は縦と横の長さが分かれば求められます。

●がついた辺の長さは，上と下の長方形の縦と横の長さです。最後に2つの長方形の面積をたせば，この図形の面積を求められます。

C：ぼくは違う辺にしたんだけど。

T：この辺の長さが分かれば面積を求められる？

C：これもできるよ。左と右の長方形に分けてから，面積を求めてたせばいい。

常に「2つの長方形」と書くことで，統合的な見方を引き出します。

C：ほかにもあるよ。

T：この辺の長さが分かれば面積を求められるの？どのように考えたんだろう。

● 自力解決の時間をとる。

T：さっきみたいに2つの長方形をたしたのかな？

C：2つの長方形で考えるけど，たしてないよ。

C：大きな長方形と小さな長方形と考えて，大きな長方形から小さな長方形の面積をひくよ。

T：いろいろな考え方が出てきたけど，共通していることはあるかな？

C：どの考え方も4本の辺の長さが分かれば面積を求められるよ。

C：なんでどの考え方も全部4本になるんだろう？

C：2つの長方形を使って求めているから，4本の辺の長さが分かればいいんだ！

C：なるほど。だから全部4本なんだね。

深い学びのポイント
辺の本数に着目し，数学的な見方・考え方を働かせています。

振り返り

T：この図形を見てください。これは何本の辺の長さが分かれば，面積を求められますか？

C：この図形には，辺が8本あるよ。

C：じゃあ，さっきより多くの辺の長さが分からないと求められないんじゃないかな。

T：では，何本の辺の長さが分かれば面積を求められるかを考えよう。

先ほどより辺の本数が多い図形を提示することで，長さが必要な辺は4本より多くなるかもしれないと子どもが類推しています。

◆**自力解決の時間をとる。**

T：何本の辺の長さが分かれば面積を求めることができますか？

C：これもさっきの図形みたいに2つの長方形に分ければいいよ。だから4本の辺の長さが分かれば面積を求められるよ。

深い学びのポイント
問題を発展させていますが，この図形も2つの長方形に分ければ，はじめの図形と同じように，4本の辺の長さで面積を求めることができると考えています。
振り返ることによって統合しているよい発展問題です。

T：この図形も4本の辺の長さが分かれば求められるのですね。

C：図形の辺の本数が8本に増えたけど，さっきの図形と同じように，4本でいいんだね。

C：どちらの図形も2つの長方形を使って面積を求めればいいから，4本の辺の長さが分かればいいんだね。

本授業の最終板書

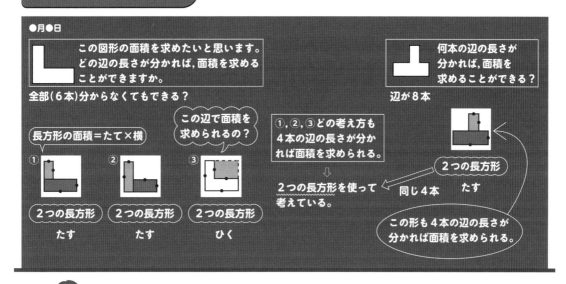

授業を振り返って

　「面積」はこれまで「量と測定」領域でしたが，新学習指導要領では「図形」領域になりました。面積を求める公式を使えるだけでなく，これまで以上に図形そのものに目をつけ，数値の代入に終わらない面積の学習が求められています。数値を与えずに，どの辺の長さが分かれば面積を求められるかを考えることで，それが可能になると考えました。この授業を通して，既習の図形を基にして考えるという数学的な見方・考え方が育つだけでなく，計算に時間がかかってしまい，図形の豊かな見方を育てるところまでに至らないという課題もクリアできます。

　他学年でもこのテーマで授業ができる単元は多いです。5年生の面積や体積の学習でも「どの長さが分かれば面積や体積が分かるか？」というテーマで授業を構成できます。

盛山からのコメント

　通常は面積を求めることに主眼が置かれる教材ですが，辺の長さを示さず，辺の本数を問題にしたことにこの教材の工夫があります。新学習指導要領で「面積」を「図形」領域に置いたのは，図形的な見方をさせるためであり，まさに新学習指導要領に対応した教材です。

　本実践では，辺の本数に着目し，どの考え方でも4本の辺の長さが分かれば面積が求められることを発見しています。そして，なぜ4本なのかを説明しています。多くの数学的な見方・考え方を働かせる授業になっています。

　また，黒板に常に「2つの長方形」と書かれているのもポイントで，統合的な見方を引き出す板書になっています。

執筆者名▶岡本 純孝

整理して振り返り,新しい問題を発見する授業！

4年 角の大きさ
「1組の三角じょうぎを使ってできる角度は？」

授業の
ねらい

1組の三角定規を使ってできる角度を調べることを通して，できる角度のきまりについて考える。

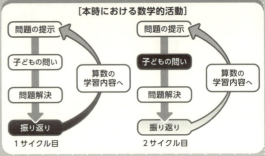

用意するもの 三角定規のイラスト（掲示用），三角定規（児童用）

✓ 授業展開

盛山からのコメント

本時は，「角の大きさ」で，三角定規の角や角のたし算・ひき算の学習として行う。

● 問題の提示・子どもの問い

T：1組の三角定規には何種類の形がありますか？
C：2種類だよ。
T：そうだね。では，今から見せる三角定規にはどんな大きさの角度がありますか？
C：はい。こことここが45°で，ここが90°だよ。
T：じゃあ，もう1つの三角定規は？
C：はい。ここが30°，ここが60°で，ここは90°だよ。
T：そうだね。今日はこの1組の三角定規を使ってつくることのできる角度を見つけてもらいます。例えばどんな角度ができますか？
C：90°と30°を合わせて120°。
T：それどうやって組み合わせたの？
C：このようにしたよ。
T：なるほど。この調子でどんどん見つけていきましょう。

三角じょうぎを使ってできる角度を見つけよう。

授業の導入として1組の三角定規のそれぞれの角の大きさについて共通理解を図っています。

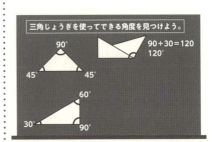

● 問題解決

◆自分の三角定規を使って自力解決をする時間をとる。

T：三角定規を使ってどんな角度を見つけましたか？黒板に表してください。

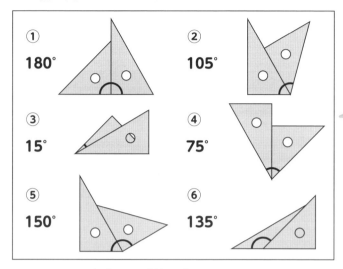

重ねてひく発想は子どもからは出にくいことがあります。その場合は教師から働きかけてもよいでしょう。

T：これらの角度は，計算で求めるとどうなるのかな？

①90＋90＝180　180°　②60＋45＝105　105°

③45－30＝15　15°

図の角に着目して考察しています。角度は「量」なのでたしたりひいたりすることができます。きちんと式で表現させているところがすばらしいですね。式と図を関連づけて理解させています。

T：③のように重ねてひくやり方もあるんだね。

④30＋45＝75　75°

⑤60＋90＝150　150°　⑥180－45＝135　135°

T：⑥は定規の直線の部分を使って表したんだね。ちなみにたし算を使って同じ135°ってできる？

C：45＋90＝135　135°

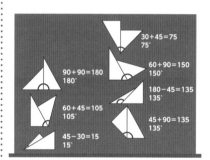

● 振り返り

T：もうほかの角度はできない？

C：まだできるのかな？

T：ではこれまでにできた角度を小さい順に整理してみよう。1枚の三角定規にある角度も入れます。

| 15° | 30° | 45° | 60° | 75° | 90° | 105° | 120° | 135° | 150° | 180° |

● 問題の提示・子どもの問い

C：あれ？15°ずつ増えているよ。

C：でも150°と180°の間だけ30°になっている。

C：165°がないよ。

深い学びのポイント

15°ずつ増えていることから，165°もできるのではないかと子どもたち自らが考えています。数値を整理して振り返ることで新たな問題へと発展させています。

T：では近くの人と相談してもいいので，165°ができないか考えてみよう。

165°ができないかちょうせんしてみよう。

子どもの問いから新たなめあてをつくっていますね。

問題解決

◆自力解決の時間をとる。

T：165°ができた人いる？
C：3枚だったらできると思う。
T：3枚だったらできるって人がいたけど，どう？
C：隣の人の三角定規を借りてつくったよ。
　　　45＋90＋30＝165
　　　　　　165°

子どもから条件変更のアイデアが出たのは素晴らしいですね。発想が出にくい場合は「近くの人と力を合わせてもいいよ。」「そうか，2枚じゃできないか。」などの言葉をかけてもよいでしょう。

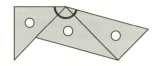

T：友だちと協力してつくるっていうアイデアはすごいね。これでみんなが予想した通り15°ずつ増えていく表になったね。ちなみに，隣の人と協力したらほかの角度もできそう？
C：15°ずつだから次は195°ができそう。
C：45＋60＋90＝195
　　　　195°

三角定規を3枚以上使うアイデアを使って，180°以上の角度にも視野を広げています。

T：ほかにはどう？
C：4枚使って45＋90＋90＋45＝270で，270°ができた。
C：その式の3つ目までで225°もできるよ。
T：ほかにもできそうだね。

◆隣の人と協力して2組の三角定規でできる角度を見つける時間をとり発表させる。2組の三角定規だと，180°から360°まで，345°を除いた15°刻みのすべての角度ができることを確認する。

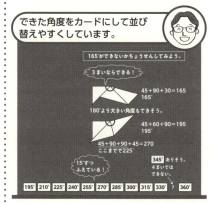

できた角度をカードにして並び替えやすくしています。

振り返り

T：今日の学習で分かったことはなんですか？
C：三角定規を使ってできる角度は15°ずつ増えていくよ。
C：友だちと一緒に三角定規を3枚，4枚使うと，いろいろな角度ができるよ。
T：そうだね。360°までできたね。でも345°はどうしたらいいんだろう。分かった人がいたらまた教えてね。

345°は5枚の三角定規を使って45＋60＋60＋90＋90＝345などの組み合わせでつくることができます。発展的な課題として子どもたちに投げかけることで，子どもの興味をひきつけていますね。

本授業の最終板書

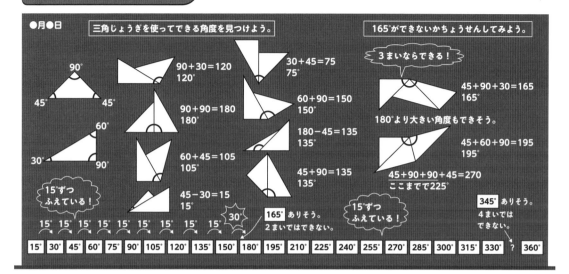

授業を振り返って

本教材は，三角定規の角についてきまりを見つけながら考察することができる教材です。子どもたちは，最初はとにかく三角定規に触れ，1組の三角定規からできる角度を見つける楽しさを感じているようでした。そのうちに，できる角度にはきまりがあることに気づき，「そこから考えると165°もできるはずなのにできない！」というもどかしさ，行き詰まりを感じていました。それが友だちの「三角定規の枚数を増やす」という発言で一気に開け，また新たな課題に向かって力を合わせながら夢中になって取り組む様子が見られました。

学校で子どもたちが関わり合いながら学ぶことの重要性，そして実物の操作を通して学びを深める「ハンズオン・マス」の重要性を改めて感じた学習となりました。

盛山からのコメント

本授業は，一度解決した結果を整理して振り返ることで新たな課題を発見していく展開になっています。数値を整理することで，きまりを見つけ，きまり通りになっていない部分があることから強烈な子どもの問いを引き出しています。三角定規の枚数という条件を変更すれば解ける，という発見も子どもにとってはよい経験になりますね。

また，180°から360°までの角度を見つける活動では，2組の三角定規を使用するという条件では345°がつくれません。(右図を参照)ここから発展的な課題へと展開していくのもおもしろいですね。

195°…45+60+90=195
210°…60+60+90=210
225°…30+45+60+90=225
240°…45+45+60+90=240
255°…45+60+60+90=255
270°…45+45+90+90=270
285°…45+60+90+90=285
300°…60+60+90+90=300
315°…45+90+90+90=315
330°…60+90+90+90=330
345°…つくれない
360°…90+90+90+90=360

学級を盛り上げる算数ゲーム

4年生の「大きい数」の単元で「億」の単位を学習した後に，学習の定着のためにこのカードゲームを行います。

【用意するカード】
1億ポイント……3枚
5千万ポイント…4枚
1千万ポイント…5枚
合計12枚
（5億5千万ポイント）

【ゲームのやりかた】
①先攻・後攻を決める。
②後攻の人がカードを一列に並べる。並べる順序は自由。
③先攻から交互に1枚ずつカードをとっていく。
　その際カードは左端か右端からしかとることができない。
④6枚ずつカードをとり終わった際に合計ポイントが高い方が勝ち。

| 1千万 | 5千万 | 1千万 | 1億 | 1千万 | 5千万 | 1億 | 1千万 | 5千万 | 5千万 | 1億 | 1千万 |

↑必ず左端か右端のカードをとる。　　　　　　　　　　　　　　　　　　　　　　↑

ゲームの必勝法

このゲームには先攻の人が必ず勝つ「先手必勝」の必勝法があります。先攻の人は，後攻の人が並べたカードを見て，左端から1つ飛びにとった場合（A）の合計と，右端から1つ飛びにとった場合（B）の合計を計算します。

【例】
| A | B | A | B | A | B | A | B | A | B | A | B |
| 1千万 | 5千万 | 1千万 | 1億 | 1千万 | 5千万 | 1億 | 1千万 | 5千万 | 5千万 | 1億 | 1千万 |

A…1千万＋1千万＋1千万＋1億＋5千万＋1億＝2億8千万
B…5千万＋1億＋5千万＋1千万＋5千万＋1千万＝2億7千万

この場合は，Aの方が合計が大きくなるので，左端からとっていきます。左端のAのカードをとると，後攻の人はそのとなりか右端（Bのカード）しか選ぶことができません。先攻の人は常に後攻の人のとなり（Aのカード）をとっていくことで，必ずAの合計をとることができます。

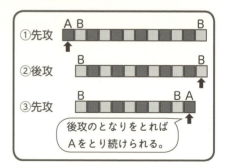

このゲームを行うことで，大きい数に慣れ親しむとともに，暗算の練習もすることができます。実際に行う際にはカードの上に1，2，3……と番号をふり，「1，3，5……（奇数）をとる」「2，4，6……（偶数）をとる」とすると分かりやすいかもしれません。また，数を「1と5と10」や「10と50と100」などにすることで，ほかの学年でも扱うことができます。数値やカードの数を変更する際は，同点にならないよう気をつけます。　（盛算研）

5年

授業実践例

第3章

1年
2年
3年
4年
5年
6年

執筆者名▶田中　径久

5年 分数のたし算とひき算

「分母と分子が1ちがいだとラッキー！」

子どもの発見や感動をうながす授業！

授業のねらい　条件にあてはまる式について考える過程で計算の習熟を図り，きまりを見つけてその一般化について考える。

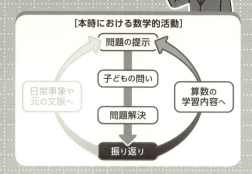

用意するもの　式を記入するカード（掲示用）

☑ 授業展開

本時は，「分数のたし算とひき算」で異分母分数の加法の学習後に，学習の習熟と活用として行う。

● 問題の提示

T：今日は分数のたし算を使って運試しをしてもらいます。分数のたし算の式をつくって計算して，求めた和の「分母と分子が1違い」だったらラッキーとします。

C：「分母と分子が1違い」ってどういうことかな？

T：「分母と分子が1違い」の分数にはどんなものがありますか。

C：$\frac{1}{2}$とか$\frac{4}{5}$とかです。

C：$\frac{4}{3}$や$\frac{5}{4}$でもいいでしょ。

T：そうですね。$\frac{1}{2}$とか$\frac{4}{5}$のように分子が分母より小さい分数を何というかな。

C：真分数。

T：では，分子が分母より大きい分数は何といいますか。

C：仮分数。

T：では，今日の問題にうつります。

□の中に連続する3つの数を1つずつ入れて計算します。和が「分母と分子が1ちがいの真分数か仮分数」になったらラッキーです。

盛山からのコメント

子どもたちと対話しながら，問題の条件を丁寧に確認していてよいですね。条件を全員がしっかり理解してから進めることが大切です。

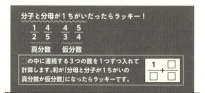

T：まずは，2，3，4の連続する3つの数を適当に□に入れて計算してみましょう。

子どもの問い

● 自力解決の時間をとり，式と答えを発表させる。

C：$\frac{1}{[4]}+\frac{[2]}{3}=\frac{11}{12}$ ラッキー！　C：$\frac{1}{[2]}+\frac{[4]}{3}=\frac{11}{6}$ 残念！

C：$\frac{1}{[3]}+\frac{[4]}{2}=\frac{14}{6}=\frac{7}{3}$ 残念！　C：$\frac{1}{[2]}+\frac{[3]}{4}=\frac{5}{4}$ ラッキー！

C：$\frac{1}{[4]}+\frac{[3]}{2}=\frac{7}{4}$ 残念！　C：$\frac{1}{[3]}+\frac{[2]}{4}=\frac{10}{12}=\frac{5}{6}$ ラッキー！

C：あれ？　ラッキーだった3つとも真分数＋真分数になっているよ。

C：本当だ。真分数同士の計算にすればラッキーになるよ。

T：よく見つけたね！　では，真分数＋真分数のたし算にすれば，分母と分子が1違いの和になるということでいいね。

C：だめだよ。ほかの数でも試してみなくちゃ。

T：なるほど。いつでもあてはまるか試したいんだね。

真分数＋真分数のたし算にすればラッキーになるのかな？

C：連続する3つの数だから，3，4，5はどう？

C：4，5，6は？

T：では3，4，5や4，5，6を□に入れて計算してみよう。

「ラッキー」な式だけではなく，すべての式と答えを出させています。このことによって，「ラッキー」な式の共通点を子ども自らが帰納的に見出すことができます。

先生の問い返しによって「ほかの数でも試したい」という言葉が子どもから出たのはすばらしいですね。子ども自らがきまりを一般化したいという態度を表しています。このような態度はぜひ褒めて価値づけていきたいですね。

問題解決

● 自力解決の時間をとる。

T：では，3，4，5の連続する3つの数から聞いてみよう。

C：$\frac{1}{[5]}+\frac{[3]}{4}=\frac{19}{20}$ ラッキーな計算だったよ。

C：$\frac{1}{[3]}+\frac{[4]}{5}=\frac{17}{15}$ 残念。

C：$\frac{1}{[4]}+\frac{[3]}{5}=\frac{17}{20}$ 1違いにはならなかった。

T：では，4，5，6の連続する3つの数はどうかな？

C：$\frac{1}{[4]}+\frac{[5]}{6}=\frac{13}{12}$ でラッキー。

C：$\frac{1}{[6]}+\frac{[4]}{5}=\frac{29}{30}$ も分母と分子が1違いでラッキー。

C：$\frac{1}{[5]}+\frac{[4]}{6}=\frac{26}{30}=\frac{13}{15}$ だから惜しいなぁ。

C：真分数＋真分数にしても必ずラッキーになるわけではないんだね。

C：必ずラッキーな式にするにはどうしたらいいんだろう？

C：3，4，5のときは，$\frac{1}{\boxed{5}}+\frac{\boxed{3}}{\boxed{4}}$だけがラッキーなんだ。

C：3つのうち大きい数を，たされる数の分母に入れればいいのかな？

C：たしかに，$\frac{1}{\boxed{6}}+\frac{\boxed{4}}{\boxed{5}}$も$\frac{1}{\boxed{4}}+\frac{\boxed{2}}{\boxed{3}}$もラッキーだ！

C：あとは，たす数も真分数にするから，3つの連続する数のいちばん小さい数は，たす数の分子に入っているよ。

C：本当だ！ そうやって数を入れれば必ずラッキーな式になる！

T：なるほど。すごいことに気づいたね！

深い学びのポイント
おもしろいきまりを見つけましたね。新しい課題から新たなきまりを発見しています。これも帰納的な見方・考え方を働かせていますね。

● 振り返り

C：連続する3つの数をほかの数にしても同じかな？

C：7，8，9はどうかな？

C：100，101，102なんてできるのかな？

T：では，みんなの言ってくれた2問を試してみよう。

◆自力解決の時間をとる。

C：7，8，9だと
　　$\frac{1}{\boxed{9}}+\frac{\boxed{7}}{\boxed{8}}=\frac{71}{72}$　分母と分子が1違いになったよ。

C：100，101，102だと
　　$\frac{1}{\boxed{102}}+\frac{\boxed{100}}{\boxed{101}}=\frac{10301}{10302}$　になったよ。

C：すごーい！

深い学びのポイント
見つけたきまりがいつでも使えるものなのか，子ども自らが確かめています。結果を振り返って一般化しているのですね。大変すばらしい態度です。

T：今日の問題では，どのようにすればラッキーになったのかな？

C：和の分母と分子を1違いにするためには，連続する3つの数の置き方を工夫すればよかったね。

C：100，101，102で計算したときも，和の分母と分子が1違いになってびっくりしたよ。

T：ほかにもきまりがないか考えてみるのもいいですね。

子どもたちの言葉が板書されています。

本授業の最終板書

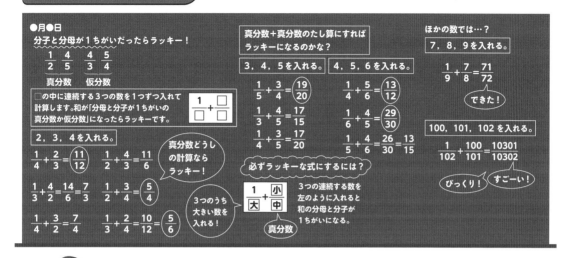

授業を振り返って

　今回の実践は分数のたし算を学習した後に行いました。計算問題をたくさん解くことも大切ではありますが、ただ計算をするだけではなく、子どもたちが自分で数を入れて計算問題をつくり、答えを確かめたいと思って計算に取り組むことに価値があると考えています。

　本時の計算は、右のように、連続する3つの数を大きさに応じて入れれば、和の分母と分子が1違いになるきまりを利用しています。

$$\frac{1}{A+1} + \frac{A-1}{A} = \frac{A^2+A-1}{A^2+A}$$

　この授業では、子どもたちが帰納的な考え方を使ってきまりを見つけ、数が大きくなってもきまりが成り立つことに気付くような展開にしています。大きな数を入れることで計算が困難になっても意欲的に計算に臨む姿が見られ、目的をもって計算することの大切さを改めて感じました。

盛山からのコメント

　この授業のポイントは、子どもたちが自ら見つけたきまりがいつでも成り立つことが分かった瞬間です。このような経験をさせることはすばらしい数学的活動といえます。ぜひ子どもたちに味わわせたいですね。また、板書にも子どもたちの感動の声が記録されていてよいと思います。

　この授業には2回きまりを見つける展開がありますが、その両方で子どもたち自らが「ほかの数でも計算して確かめたい」と言って積極的に複雑な計算に取り組んでいます。このようなきまりを一般化する態度を大いに褒めることで、子どもの能力や意欲を伸ばしていきたいですね。

執筆者名 ▶ 桑原　憲生

問題提示によって統合・発展の道筋がつくられる授業！

5年 図形の角
「どちらが大きいかな？」

授業のねらい 三角形の内角の和を活用して，四角形の内角の和の求め方を考える。

用意するもの 一般四角形（掲示用，児童用），長方形・大きな一般四角形（掲示用），掲示用四角形を入れる封筒

☑ 授業展開

本時は，三角形の内角の和の学習後に，四角形の内角の和の求め方を考える学習として行う。

●問題の提示

T：この封筒の中に，四角形が2つ入っています。四角形の4つの角の大きさの和が大きい方を引いたら勝ちです。
C：やってみたい！
T：「先生」対「みんな」でやってみましょう。

【引いた結果】

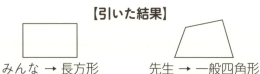

みんな → 長方形　　先生 → 一般四角形

●子どもの問い

C：「先生」の勝ちかな？
C：いや，「みんな」の方が勝ちだよ。
T：では，どちらの勝ちか考えましょう。

　4つの角の大きさの和は，どちらが大きい？

T：「先生」と「みんな」どちらの方から求めますか？
C：「みんな」の方は長方形だから簡単に出せるよ。

盛山からのコメント

この問題提示は最高です！子どもは四角形の形によって内角の和が違うかもしれないと考えがちです。それを前提として比較の問題を出しています。子どもの思考を揺さぶる問題提示です。

「どちらの方から求めますか？」と聞くことで，子どもは，簡単に求められる方を考えます。「長方形の内角はすべて直角であることを使えば，簡単に内角の和が求められる」ということを，子どもに気づかせることができる発問です。

C：長方形の4つの角はすべて直角だから，4つの角の大きさの和は，90×4＝360で，360°になるね。

C：「先生」の四角形は何度かな？

T：次は「先生」の四角形について考えてみましょう。

「先生」の四角形の4つの角の大きさの和の求め方を考えよう。

> 分度器を使って求めている子がいたら，「次は分度器を使わずに4つの角の大きさの和を求めてみよう。」と声をかけるとよいです。

● 問題解決

◆「先生」の四角形を配付し，自力解決の時間をとる。

T：角度は分かりましたか？

C：四角形を切って角度を集めたら360°だった。

C：「みんな」と「先生」の四角形の4つの角の大きさの和は同じだね。

T：なるほど。ほかのやり方で考えた人はいますか？

C：対角線を引いて考えました。

C：どうして対角線を引いたら分かるの？

T：何か形が見えない？

C：あ！ 2つの三角形ができた！

C：この三角形を使えば分かりそう。

C：三角形の3つの角の大きさの和は180°だから，印をつけたところをあわせて考えると180×2＝360で，360°です。

T：印をつけているから分かりやすいですね。

C：ぼくは対角線を2本引いて考えたんだけど，720°になったよ。

C：どうして720°になるの？

> **深い学びのポイント**
> 既習の三角形の活用です。対角線を引いて考えるやり方は，児童からなかなか出ないやり方です。丁寧に説明しながら，理解していく流れがよいですね。

> 角にきちんと印をつけているのがよいですね。

> 問題解決の中で，子どもの細かな問いがいくつも生まれています。このように集団検討のときに，友だちの考えを聞いて問いが生まれることもあります。

C：三角形が4つできるから、180×4＝720で、720°になるよ。だから「先生」の方が勝ちになるんだけど。

C：本当だ。360°にはならないね。
C：4つの三角形のそれぞれの角に印をつけてみようよ。

C：あ！　四角形の4つの角ではないところも、計算しているんじゃないかな？
T：どういうことかな？
C：真ん中に印をつけたところは、四角形の4つの角ではないでしょ？

C：そうか、真ん中の360°分は必要ないんだ！
C：180×4－360＝360だから、やっぱり360°だ。
C：「先生」と「みんな」は引き分けだね。
T：三角形に分けて考えると、四角形の4つの角の大きさの和が分かりましたね。

● 振り返り

T：もう1つ封筒があります。ここには最強の四角形が入っています。
◆**封筒の中から大きな四角形を取り出す。**
C：わー！　大きい。
T：これなら「先生」や「みんな」の四角形に勝てる？
C：大きいけど4つの角の大きさの和は同じだよ。
C：対角線で分けると、これも2つの三角形に分けられるから、4つの角の大きさの和は360°だよ。
T：大きいから勝つと思ったのにな。
C：大きさは関係ないよ。どの四角形でも4つの角の大きさの和は同じだよ。
C：五角形とかだったら勝てるかも。

深い学びのポイント

対角線を1本引く考え方同様、既習の三角形を活用した考え方です。
後から360°をひく部分は、理解が難しいので丁寧に扱います。

どの部分の角度を求めているかが分かりやすい板書です。

180×4＝720　720°？

180×4－360＝360

真ん中の360°は
四角形の4つの角
ではない

360°

大きな四角形を提示し、比較することで、本時の学習のまとめをしています。
「どの四角形でも4つの角の大きさの和は同じ」という言葉で、2つの四角形で見つけたことを一般化できています。
また、未習の五角形という新しい課題も見つけています。統合・発展の授業ですね。

本授業の最終板書

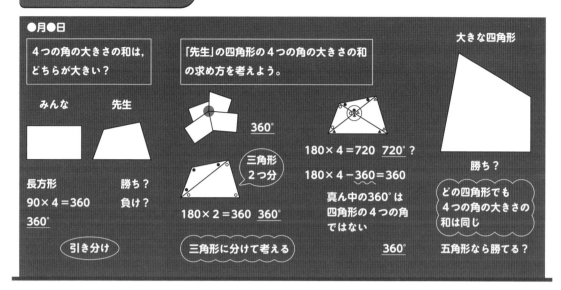

授業を振り返って

　　授業の導入で比較する場面を入れました。比較することで，子どもが自分の立場を決め，学びに対する能動性が高まるのではないかと考えたからです。比較する場面では，クラス全員の子どもが迷ってしまうような数値や設定にすることが大切です。そうすることで，話し合いのスタートラインが同じになり，話し合いが活発になったり，苦手意識を持っている子どもでも，考えてみたいという意欲につながったりします。

　　三角形に分割して考える方法は，多角形の内角の和や，面積を求める際にも多く活用できます。そのため，不要な角の部分についての説明や，多角形にも応用できるかもしれないといった子どもの言葉は大切に取り上げて，今後の学習につなげていきたいところです。

盛山からのコメント

　　この授業のポイントは，固定概念にとらわれないすばらしい問題提示です。大人は四角形の内角の和がどの四角形でも等しいことを知っているので発想できませんが，子どもは四角形の形によって，内角の和が違うかもしれないと考え，そこに問いが生まれます。そして，形の違う四角形の内角の和が等しいと分かったとき感動が生まれます。最後に大きな四角形と比較することで，一般化してまとめているところもうまいです。

　　四角形の内角の和の授業ですが，図形の大きさが違っても内角の和が等しいということは三角形でもおさえたいポイントです。前時の三角形の内角の和の学習でも，大きな三角形や1つの角が極端に小さい三角形など様々な三角形で内角の和を比較するとよいです。

執筆者名▶水　華子

5年 速さ
「熊とオリンピック選手はどちらが速いかな？」

日常の事象から問題を発見する授業！

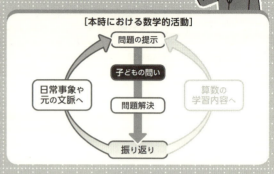
[本時における数学的活動]

授業のねらい　条件を整理し，距離と時間が異なる2種の速さの比べ方を考える。

用意するもの　「熊に出会ったら」の資料（掲示用），オリンピック選手の走る映像資料

☑ 授業展開

本時は，「速さ」の導入として行う。

 盛山からのコメント

● 問題の提示

T：学校の近くで熊を見かけたという情報があったね。熊とばったり出会ったときってどうしたらいいか知ってる？

●「熊に出会ったら」の資料を掲示する。

> 熊に出会ったら
> ・大声を出しません。
> ・**走ってにげるのはやめましょう。**
> ・熊を見ながら，ゆっくり落ち着いて後退してください。

この学校の子どもたちにとって熊との遭遇は日常の話題なのですね。扱うことで子どもたちの興味をひいています。日常生活の問題について算数を使って解決しようとしているのがよいですね！

C：「走って逃げるのはやめましょう。」とあるけど，全速力で走れば逃げ切れるんじゃないかな？

C：熊は人間より速いと思う。

C：そんなに速いのかな？　わたしたちは無理でもオリンピックに出るような陸上選手だったら逃げられるんじゃない？

T：オリンピック選手の映像を見てみようか。

●オリンピックに出場したA選手の走る映像を視聴する。

C：やっぱり速いね！　A選手なら絶対逃げ切れるよ！

C：そうかな？　熊も本気で走ったら速いんじゃない？

A選手は熊からにげきれるのか!?

そのときに話題になっている陸上選手の名前を出したり，実際に走る映像を見せたりすることで授業を盛り上げることができますね。

● 子どもの問い

T：ではA選手が熊から逃げ切れるかについて考えてみましょう。どんな情報がほしいですか？

C：どんな場所で走りますか？ 山道？ 道路？

T：A選手は競技場を走ったデータがありました。熊のデータもあったけど，どんな場所で走ったデータかよく分からないんだよね。「競技場のような平らなところで」ということにしよう。

C：A選手と熊は何m離れた場所で出会いましたか？

C：何m走りますか。

T：確かにそういうことも考えなければいけないね。「逃げる」を考えることは難しいから，「どちらが速いか」ということで比べようか。

A選手と熊はどちらが速いかな？ 比べ方を考えよう。

T：A選手の100mの記録は何秒くらいだと思う？

C：10秒くらい！

T：正解です。熊の方は30m走ったデータがあるんだけど，何秒くらいだと思う？

C：5秒くらいかな。

T：実は熊は30mを2秒で走るそうです。

C：えー！ 熊の方が絶対速い！

T：本当にそうかな？ それではA選手と熊の速さの比べ方を考えてみましょう。

● 問題解決

●自力解決の時間をとる。

T：どのように比べたのか教えてください。

C：10秒でそろえたよ。

（A選手）10秒で100m進める。

（熊）　 2秒→10秒は5倍。
　　　　30×5＝150
　　　　10秒で150m進める。

だから熊の方が速い。

C：1秒にそろえたよ。

（A選手）100÷10＝10　1秒あたり10m

（熊）　 30÷2＝15　1秒あたり15m

1秒あたりたくさん進める熊の方が速い。

深い学びのポイント

先生がリードしながら条件を整理していきます。条件整理は事象を理想化して考えるための大切な過程です。

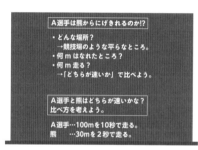

時間や距離を変える際には，ずっと同じ速さで走るとして考えるという理想化が必要になります。比例を仮定するという見方を子どもたちに経験させるのも大切なことです。

C：30mにそろえたよ。
　　（A選手）30÷100＝0.3
　　　　　　10×0.3＝3
　　　　　　30mを3秒で進む。
　　（熊）　　30mを2秒で進む。
　　だから熊の方が速い。

C：熊の30mを4倍にして120mにして比べたよ。
　　（熊）　　30×4＝120
　　　　　　2×4＝8
　　　　　　120mに8秒かかる。
　　（A選手）100mに10秒かかる。
　　だから熊の方が速い。

C：どの比べ方でもA選手より熊の方が速いね。

C：A選手でも熊からは逃げ切れないんだ！

● 振り返り

T：速さを比べるためにどんな比べ方をしているかな？
C：時間をそろえていると思います。
C：距離をそろえている場合もあると思います。
T：そうか，時間や距離をそろえると比べられるんだね。

T：学校の近くの山にはほかにどんな生き物がいる？
C：うさぎがいるよ。
T：うさぎなら熊から逃げ切れるかな？　うさぎのデータは，60mを…何秒だと思う？
C：5秒！
T：うさぎは60mを約3秒で走ります。熊とうさぎはどちらが速いですか？
C：1秒にそろえて考えると，
　　（うさぎ）60÷3＝20　1秒あたり20m
　　（熊）　　30÷2＝15　1秒あたり15m
　　うさぎの方が速い！
C：うさぎなら熊から逃げ切ることができるんだね。

考え方が並んでいて見やすい板書です。

深い学びのポイント
友だちから出た色々な比べ方を，「時間や距離をそろえる考え方」として統合しています。

日常の事象に戻って適用問題に取り組むことで，学習を振り返り，学習したことをより確かにすることができています。

本授業の最終板書

●月●日

A選手は熊からにげきれるのか!?

- どんな場所?
  →競技場のような平らなところ。
- 何mはなれたところ?
- 何m走る?
  →「どちらが速いか」で比べよう。

A選手と熊はどちらが速いかな? 比べ方を考えよう。

A選手…100mを10秒で走る。
熊　　…30mを2秒で走る。

10秒にそろえる。
A選手…10秒で100m
◎熊　　…2秒 →5倍→ 10秒
　　　　30×5=150
　　　　10秒で150m

1秒にそろえる。
A選手…100÷10=10
　　　　1秒あたり10m
◎熊　　…30÷2=15
　　　　1秒あたり15m

↑時間をそろえている。

30mにそろえる。
A選手…30÷100=0.3
　　　　10×0.3=3
　　　　30mを3秒で進む。
◎熊　　…30mを2秒で進む。

120mで比べる。
◎熊　　…30×4=120
　　　　2×4=8
　　　　120mに8秒かかる。
A選手…100mに10秒かかる。

←きょりを
そろえている。

A選手より
熊が速い!

うさぎと熊はどちらが速いかな?	うさぎ…60mを3秒で走る。

1秒にそろえる。
うさぎ…60÷3=20　　1秒あたり20m
熊　　…30÷2=15　　1秒あたり15m
→うさぎの方が速い!

授業を振り返って

　日常のできごとを算数の視点でとらえることができ，日常をよりよいものにしていける子どもを育てたいという思いから，この授業を計画しました。私が勤務する学校では暖かくなると校区内で熊が目撃されるため，「速さ」の学習の導入として，熊とオリンピック選手を題材にした授業を行いました。

　実際に授業をやってみると，子どもから「どんな道ですか?」「何m走りますか?」などと，問題場面の条件について質問攻めにあいました。子どもたちと丁寧に対話しながら，物事を批判的に見ようとしたり統合的に見ようとしたりしている姿を認め，子どもと一緒に条件を整えていく展開にしました。

　多くの算数の問題は，最初から都合よく理想化されて提示されていますが，時々は遠回りしてでも日常とのつながりを感じられる授業をしていきたいと考えています。

盛山からのコメント

　日常の事象を算数で扱うためには，実際に存在している様々な複雑な条件も考えなければならず，授業で扱うのは難しい場合もあります。しかし，困っている身近な問題を考えるのは大事なことです。この授業では，複雑な条件について子どもたちと一緒に考え，算数で処理できるように条件を整えたり仮定したりしています。普段は理想化された算数の問題を解くことが多いですが，このような条件整理を経験することも大切です。

　身近な熊と話題のオリンピック選手の速さを比べるという題材は，子どもたちにとって大いに興味をもてるものだと思います。きっと子どもたちは，家に帰って「熊に会ったら絶対に走って逃げちゃいけないんだよ」と話すに違いありません。そしてその経験や記憶は日常生活に活かされるのではないでしょうか。

執筆者名 ▶ 桑原　麻里

5年 平均

「平均と平均をたして2でわってもいいの？」

ミスコンセプションを活かして問いをつくる授業！

授業のねらい　「平均の平均」では全体の平均が求められる場合と求められない場合があることを考え，平均についての理解を深める。

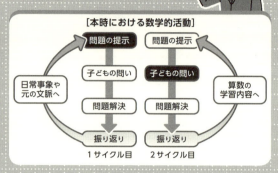

用意するもの　人数や平均点を書いた表（掲示用）

☑ 授業展開

本時は，「平均」の学習後に，平均の学習の習熟と活用として，単元の最後に行う。

● 問題の提示

T：A班の漢字テストの平均点を男女別に出しました。

A班	人数(人)	平均点(点)
男子	5	90
女子	5	80
班の平均点		点

T：A班全体の平均点を求めてみよう。平均はどうやって求めたかな？

C：合計÷個数です。

T：A班の平均点が出せそうですか？

● 子どもの問い・問題解決

C：①(90＋80)÷2＝85になるから，85点。

T：どうやって考えたの？

C：男子の平均点と女子の平均点をたして2でわりました。

C：簡単に出せるね。このやり方でいいのかな？

盛山からのコメント

平均の平均で答えが求められるという，特殊なやり方でできる数値設定です。子どものミスコンセプション（誤概念）をさそっています。子どもの問いをつくるための布石ですね。

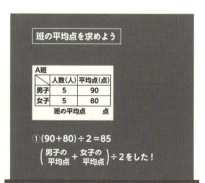

C：いつもの合計÷個数のやり方で求めても答えが同じだから，合っているよ。
②(90×5＋80×5)÷10＝85で，85点。

● ②と同じ式を書いていた児童は全体で3名のみ。そのため，式の意味を少しずつ全体で読み解く。

T：②の式の説明ができる？
C：90×5は，男子の平均点に人数をかけている。
T：男子の平均点に人数をかけて何を出したのかな？
C：うーん。
T：では，男子の平均点はどうやって出したと思う？
C：(男子の合計点数)÷5＝90です。
C：90×5は男子の合計点数だね。
C：80×5は女子の合計点数だ。
C：90×5＋80×5が班の合計点数で，10が班の人数だから，②は合計÷個数の式だね。
C：②の式はいつもの平均の求め方だね。②と答えが同じだから①のやり方も合っているね。

○ 振り返り

T：①の平均点をたして2でわるやり方でも，②の合計点数を人数でわるやり方でも，どちらでも答えが求められましたね。
C：でも①のやり方の方が計算が簡単だし，そっちがいい。

○ 問題の提示

B班	人数(人)	平均点(点)
男子	6	90
女子	4	80
班の平均点		点

C班	人数(人)	平均点(点)
男子	4	90
女子	6	80
班の平均点		点

T：A，B，Cでいちばん平均点が高いのは，どの班かな？
C：BとCの班の平均点を求めて比べればいいよ。
T：では，それぞれの班の平均点を求めてみよう。

子どもと対話しながら平均の習熟を図ると同時に，次に生まれてくる問いを解決するための考えの土台をつくっています。

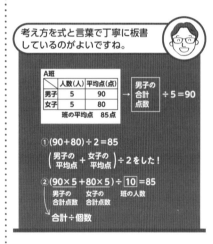

考え方を式と言葉で丁寧に板書しているのがよいですね。

同じ文脈で第二の課題を発展的に提示しているところがgood！

子どもの問い

C：Bは(90＋80)÷2＝85で，85点。
　　Cも(90＋80)÷2＝85で，85点。
C：あれ？どの班も同じ平均点になるよ。
T：じゃあ，どの班も平均点は85点なんだね。
C：でも，違う気がする。

まず平均点が同じになる①のやり方を取り上げ，子どもの驚きを問いにしているところがすばらしいです！

問題解決

C：男子の方が平均点が高くて，Bはその男子の人数が多いから，Bの方が平均点が高い気がする。
C：図で考えるとBの方が平均点が高いと思う。

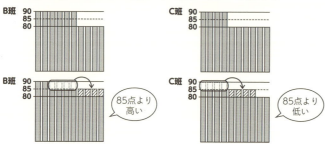

平均点が高いグループ（男子）の人数が多い方が，全体の平均点が高いという感覚を大切にしています。
また，図の説明を取り上げることで，視覚的に分からせているところがよいですね。

T：でも，計算では同じになったんだよね？
C：合計÷個数で求める②のやり方で計算すると，平均点が85点にならないよ。

◆全員で立式して計算する。

C：Bは(90×6＋80×4)÷10＝86で，86点。
　　Cは(90×4＋80×6)÷10＝84で，84点。
T：いちばん平均点が高いのは，どの班かな？
C：Bです。図とも合っている。

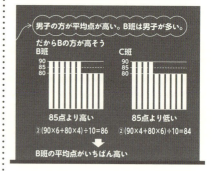

振り返り

C：どうして平均点をたして2でわる①のやり方では，班の平均点が出せなかったんだろう？
C：Aは男子と女子の人数が同じだけど，BとCは男子と女子の人数が違うよ。
C：男子と女子の人数が同じときは，①と②どちらのやり方でも平均点は出せるけど，違う人数のときはそれじゃ出せないね。
C：②の合計÷個数のやり方ならいつでもできるよ。
C：①は，合計÷個数じゃないもんね。

深い学びのポイント

普通は平均の平均で答えが求められると思ってしまいます。しかし，それではいけない理由や条件を考え，平均の定義に戻って考え直すことで，ミスコンセプションを乗り越えて平均の理解を深めています。

本授業の最終板書

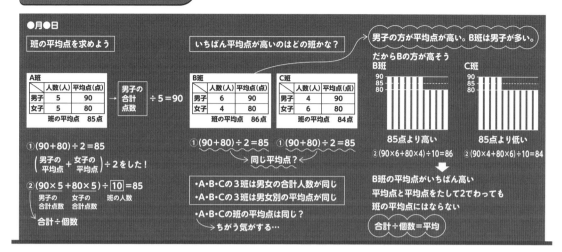

授業を振り返って

「部分の平均から全体の平均を求める」内容です。

3つのデータを示すことで数値を比較し，着目してほしい箇所に目を向けさせることができます。男女の人数が違うデータ1つだけでは，どうしても(平均+平均)÷2という考えから抜け出せません。だからこそ，男女の人数が違う2つのデータを示すことで，平均が高いグループ（男子）の人数が多い方が，全体の平均は高くなるのではないかという感覚を大事にし，それが問題解決の突破口になると考えました。また，計算に時間がかかっては，思考の時間が短くなるので，なるべく簡単な数値に設定しています。

数学的な見方・考え方を大事にした授業を行いたいと思い，実践した授業です。平均の平均が使えなかったという体験が，今後の学習で活かされることを期待したいと思います。

盛山からのコメント

最初に平均の平均で求められる特殊な場面を扱い，次に平均の平均が使えない場面をもってくることで強烈な問いが生まれるという，問いをつくるための授業構成になっています。

この授業は平均の理解を深める授業ですが，この授業だけで終わらず，もう1回くらい練習させたい部分です。授業の中でも図が出ていますが，視覚的に伝えることは大切です。人数を「男子2人で平均90点，女子8人で平均70点」など極端なものにして確かめたり，点数を9点と7点などシンプルなものにして，ブロックで動かせるようにしたりすると分かりやすくなります。

ミスコンセプションを乗り越えて理解を深める内容ですが，扱い方を間違えると子どもたちが混乱してしまうので，気をつけて扱いたい内容です。

5年 学級を盛り上げる算数作品づくり

　5年生では，「正多角形と円」を学習します。「身の回りにある正多角形は？」と問うと，子どもたちはすぐにサッカーボールを挙げます。サッカーボールは，正五角形と正六角形を組み合わせた三十二面体という形で，古代ギリシアのアルキメデスが考え出したといわれています。

　授業では，子どもたちに実際のサッカーボールを渡し，正五角形と正六角形の枚数を数えさせてみました。サッカーボールには正五角形が12枚，正六角形が20枚あるのですが，実は正五角形がなくても正六角形をつなげるだけで「穴あきサッカーボール」をつくることができるのです。そのことを子どもたちに伝えると，「正六角形だけでサッカーボールをつくってみたい」という声が上がったので実際に作ってみることになりました。

　正六角形の作図は単元の中で既に学習しています。子どもたちは楽しそうに工作用紙に正六角形を作図して切り取り，1班20枚ずつの正六角形をつくりました。できた正六角形を右の図のように辺どうしでつなぎ合わせて立体にしていくと，「穴あきサッカーボール」の完成です。

①辺どうしをつなぎ合わせる。

②矢印部分をつないで立体にする。

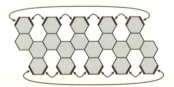

　時間はかかりましたが，自分たちの手でサッカーボールをつくり上げた喜びはひとしおでした。ちょうど保護者参観があったので教室に展示し，たくさんの保護者に見てもらい，好評を得ることができました。

　授業終了後，子どもたちの何人かは，「あまった工作用紙を持ち帰っていいですか？」と尋ねてきました。どうも家でサッカーボールづくりがしたかったようで，次の日には小さいサッカーボールがいくつか教室内に並べられていました。ぜひ5年生に味わわせたい取り組みだと思います。

【参考文献】坪田　耕三「算数好きにする 教科書プラス」東洋館出版社（2009年）

（盛算研）

6年

授業実践例

第3章

1年
2年
3年
4年
5年
6年

執筆者名 ▶ 西山 渉

6年 分数のかけ算
「1をこえないで1に最も近づく積を見つけよう」

授業のねらい 条件にあてはまる式について考える過程で計算の習熟を図り，きまりを見つけその一般化について考える。

式を振り返ることできまりを見つけ一般化する授業！

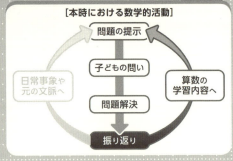

用意するもの 式を記入するカード（掲示用）

☑ 授業展開

本時は，「分数のかけ算」の学習後に，学習の習熟と活用として，単元の最後に行う。

● 問題の提示・子どもの問い

T：□に数をあてはめて分数のかけ算の式をつくります。□には連続する4つの数が入ります。連続する4つの数って分かりますか？

C：1，2，3，4とか，2，3，4，5ってことでしょ。

T：そうです。例えば1，2，3，4だとどんな式ができる？

C：$\frac{1}{3} \times \frac{2}{4} = \frac{1}{6}$

●数直線を板書する。

T：$\frac{1}{6}$は数直線だとどのあたりかな？

C：このへんだとおもう。

T：そうだね。同じように計算していくんだけど，今日は1をこえないで1に最も近づく積を探してほしいんだ。

| 1をこえないで1に最も近づく積を見つけよう。 |

T：1，2，3，4を□にあてはめて，$\frac{1}{6}$よりも1に近い積を見つけてみよう。

● 問題解決

●自力解決の時間をとる。

T：$\frac{1}{6}$よりも1に近い積は見つかりましたか？

盛山からのコメント

分数の大きさを把握しやすくするために数直線を用いています。「1に近い」というのが視覚的にも分かりやすくてよいですね！

C：$\frac{1}{4} \times \frac{3}{2} = \frac{3}{8}$

T：数直線だとどのへんかな？

C：このへんです。

C：$\frac{1}{2} \times \frac{4}{3} = \frac{2}{3}$

C：ぼくも$\frac{2}{3}$になったけど違う式です。$\frac{1}{3} \times \frac{4}{2} = \frac{2}{3}$です。

C：数直線にかくと$\frac{2}{3}$が最も1に近いね。

T：これ以上1に近い積はできないかな？

C：数を変えればできると思います。

T：数を変えるってどういうこと？

C：さっきは1，2，3，4だったから，今度は2，3，4，5にしたらどうかな。

T：なるほど。それでは2，3，4，5をあてはめて1に近い積を見つけてみよう。

子ども自身が問題を発展させた場面です。発展的な課題に対して主体的に取り組む態度がよいですね！

●**自力解決の時間をとる。**

T：1をこえないで1に近い積は見つかったかな？

C：$\frac{2}{4} \times \frac{5}{3} = \frac{5}{6}$ または$\frac{2}{3} \times \frac{5}{4} = \frac{5}{6}$

T：$\frac{5}{6}$は数直線上だとこのあたりかな？ さっきよりも1に近づいたね。$\frac{5}{6}$よりも1に近い積はありましたか？

C：もうないよ。2, 3, 4, 5では$\frac{5}{6}$が最も1に近い。

T：なるほど，1，2，3，4では$\frac{2}{3}$，2，3，4，5では$\frac{5}{6}$が1に最も近い積のようですね。

C：もしかして分母と分子の数の差が1だと1に近い分数になるのかな？ $\frac{2}{3}$は分母と分子の差が1，$\frac{5}{6}$も分母と分子の差が1。

C：本当だ！ あと，分母の数が大きい方が1に近くなるよ。$\frac{2}{3}$よりも$\frac{5}{6}$の方が分母の数が大きいから1に近い。

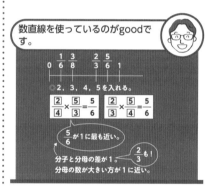

数直線を使っているのがgoodです。

●**振り返り**

T：1をこえないで1に最も近い積を探す計算をしてきましたね。連続する4つの数の入れ方に何かきまりはないかな。

C：右のように大きい数，小さい数を入れればいいんじゃないかな？

深い学びのポイント

今までの学習を振り返ってきまりを見つけています。ただやみくもに数を入れるのではなく，連続した4つの数の入れ方のきまりを考えることで，効率的に「1をこえないで1に最も近い積」を見つけることができるようになります。

C：$\frac{1}{2} \times \frac{4}{3} = \frac{2}{3}$　$\frac{1}{3} \times \frac{4}{2} = \frac{2}{3}$
　　$\frac{2}{4} \times \frac{5}{3} = \frac{5}{6}$　$\frac{2}{3} \times \frac{5}{4} = \frac{5}{6}$　全部そうなっているね。

C：なるほど。でも同じような仕組みになっている $\frac{1}{4} \times \frac{3}{2} = \frac{3}{8}$ は1に最も近い積ではないね。

T：見方はとてもいいですね。

C：連続する4つの数で見ると，真ん中の2つの数が分母になって，端の2つが分子になっているんじゃない？

C：どういうこと？

C：例えば，1，2，3，4だったら，2と3を分母にして，1と4を分子にすると $\frac{2}{3}$ で1に最も近いよ。

C：2，3，4，5だったら，3と4を分母，2と5を分子にすると $\frac{5}{6}$。

C：本当だ！すごい！

T：その考え方，おもしろいね。でも，今見つけたことはたまたまかもしれないから，違う数でも試してみよう。連続する4つの数は自分で決めてやってみよう。

深い学びのポイント

見つけたきまりがほかの数でもあてはまるかを考え，きまりの一般化を図っています。子どもの主体性を大切にして，子ども自身に数を決めさせているのもよいですね。

◆自力解決の時間をとる。

C：わたしは，10，11，12，13で計算したよ。
さっきのきまりを使って，$\frac{10}{11} \times \frac{13}{12} = \frac{65}{66}$ です。
きまりでつくった式の積がやっぱり最も1に近い。

C：ぼくは，96，97，98，99でやってみたよ。
$\frac{96}{97} \times \frac{99}{98} = \frac{4752}{4753}$ です。すごく1に近づいたよ。

C：すごいね！

T：今日の計算では，どうやったら1をこえないで1に最も近い積を見つけることができましたか？

C：数の入れ方のきまりにあてはめればいいよ。連続する4つの数のうち真ん中の2つの数を分母に，端の2つの数を分子にします。

C：連続する4つの数が大きくなればなるほど積が1に近づいていくね。

C：1に最も近い積は，どんな分数でも分母と分子の差が1になります。

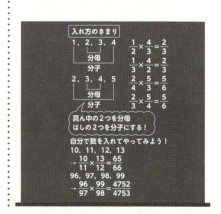

本授業の最終板書

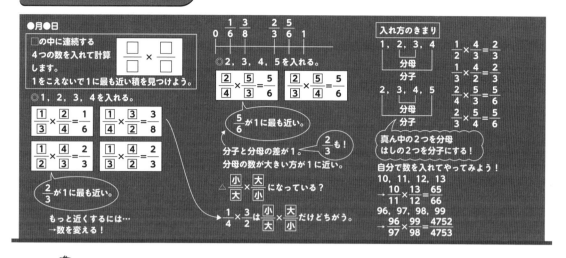

授業を振り返って

本授業は,「分数のかけ算」を学習した後に行う習熟ときまりの発見の授業です。連続する4つの数から自分で式をつくるという問題場面を設定しました。さらに「1をこえずに1に最も近い積を見つける」という目的を与えることで,児童の意欲を喚起しようと考えました。初めは1,2,3,4からスタートし,適当に数をあてはめて1に近い積を見つけていきます。その後は,連続する4つの数を変えたらもっと1に近い積を見つけられるという子どもの気づきを大切にしながら授業を展開しました。授業の後半では,数の入れ方の共通点に目を向け,きまりに気づかせていき,また,その見つけたきまりを使って自分で問題をつくり,確かめさせていきました。その際自分で考えた数で果敢に問題に挑戦する姿を認め,児童が主体的に問題に取り組んでいけるように留意しました。

盛山からのコメント

この授業のポイントは振り返りの場面にあります。まず,今までの計算を振り返ることで帰納的にきまりを発見しています。連続する4つの数をどのように入れれば最も1に近い積になるのか,子どもたちは真剣に考えます。その後,見つけたきまりが本当に正しいかを別の数値で検証し,演繹的に考えています。その際には子どもたち自身に数値を決めることを認めているため, $\frac{96}{97} \times \frac{99}{98}$ など大きな数の計算にも主体的に取り組む姿が見られたようです。

また,このきまりの発見と検証の過程を通して何度も分数のかけ算の答えを求めるため,単元の計算の習熟も図ることができています。ただの計算だとなかなか取り組まない子どもたちも,このような場面が与えられているため主体的に取り組んでいます。場面設定の工夫がすばらしいですね。

執筆者名 ▶ 田中 径久

6年 対称な図形
「国旗でくじ引きをしよう！」

似て非なるものを使って概念を深める授業！

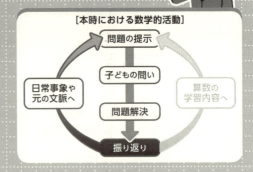

[本時における数学的活動]

授業のねらい 複数の図形に共通することを見つけ，対称な図形についての概念を理解する。

用意するもの 白黒で印刷した国旗（掲示用）

☑ 授業展開

本時は，「対称な図形」の導入として行う。

● 問題の提示・子どもの問い

T：今から国旗を見せます。どの国の国旗か分かるかな？
C：おもしろそうだな。
C：5年生のときに国旗を調べたから，きっと分かるよ。
T：では，この国旗はどこの国かな？
C：ええっ，白黒だから分からないよ。
C：たぶん，インドネシアかな？
T：上半分が赤色で下半分が白色ならば，インドネシアです。今日は，どの国の国旗か考えるのではなく，白黒の国旗を使ったくじ引きをして勉強していきます。

白黒の国旗でくじ引きをしよう。

◆白黒の国旗12種類を黒板に貼り，国名を伝える。

オランダ　ブラジル　ジョージア　中華人民共和国（中国）　カナダ　セーシェル

大韓民国（韓国）　アメリカ合衆国　日本　フランス　ガーナ　トルコ

T：国旗の裏に「あたり」か「はずれ」が書いてあります。「あたり」の国旗を目指して引いてみよう。
C：どの国旗が「あたり」になるのかな？

盛山からのコメント

社会科で学習した国旗を題材にしています。対称な図形の学習には不要な色の情報を捨象して白黒にしているのですね。教材の工夫です。

ただ対称な形を探すのではなく「くじ引き」にすることで，子どもの興味をひいています。問題提示の工夫がすばらしいですね。

● 問題解決

T：では，引いてみたい人？

C：はい。日本を引きます。(裏面を見て)「あたり」だ！

●**黒板の左右で「あたり」「はずれ」に分けて貼り直していく。**

C：アメリカを引きます。(裏面を見て)「はずれ」でした。

C：中国にします。(裏面を見て) これも「はずれ」か。

C：オランダを引きます。(裏面を見て)「あたり」！

C：ブラジルを引きます。「はずれ」でした。

C：フランスは「あたり」だと思います。(裏面を見て) やっぱり「あたり」だ！

T：予想があたったみたいですね。次は何が引きたい？

C：最初に出ていたインドネシアは「あたり」じゃない？

T：どうしてそう思ったの？

C：「あたり」の国旗は半分に折ると模様がちょうどぴったり重なるんだと思う。

T：それってどういうこと？

C：(実際に紙を左右に折って見せながら) こうやって国旗を半分に折りたたむと，模様がぴったり合った。

C：真ん中で分けると左右対称になるよ。

T：左右対称になるって，どういうこと？

C：折り目に線を引くと右も左も全く同じってこと。

C：インドネシアは左右対称だから「あたり」だよ！(裏面を見て) ほら，やっぱりね！

T：残っているものでほかに左右対称のものはある？

C：ジョージア，カナダ，ガーナは左右対称。

C：(裏面を見て) 全部「あたり」だ！

T：ジョージアは上下に折ってもぴったり重なるよ。

C：上下対称っていえるんじゃないの。

T：上下対称という表現もいいね。

T：残ったセーシェル，韓国，トルコはどう？

C：韓国は，四隅にある形がぴったり重ならないから「はずれ」だよ。

いくつかくじを引いていくうちに，子どもは自然とどれが「あたり」か予想をしながら引くようになります。問い返しながら発問することで，子どもが自分の言葉で説明していてよいですね！

深い学びのポイント

子どもに問い返していくことで，線対称の定義にあたる言葉を子どもから引き出しています。普通は教え込んでしまう事項を子どもと一緒につくり出す展開がgoodです。

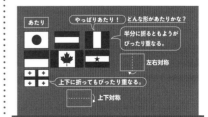

C：トルコは，上下に折ったら重なりそうだけど，星の部分がぴったりにはならないから「はずれ」。

C：セーシェルはどうだろう？

C：斜めに折ると重なりそうじゃない？

C：（実際に折ってみて）重ならないね。じゃあ，「はずれ」かな？（裏面を見て）やっぱり「はずれ」。

T：それではここで算数の言葉を教えるよ。1本の直線を折り目にして折ったときに，折り目の両側の部分がぴったり重なる図形を「線対称」であるといいます。また，線対称な図形で，折り目にした直線を「対称の軸」といいます。

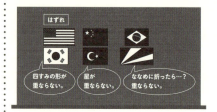

● 振り返り

T：あ！ 国旗がまだ先生の手元に残っていました。

●**スイスとイギリスの白黒の国旗を黒板に貼る。**

T：この国旗は線対称といえるでしょうか？

C：スイスもイギリスも線対称じゃないの？

C：イギリスはよく見ると，左右か上下に半分に折っても斜めの線が重ならなくてずれちゃうんじゃないの？

C：本当だ！ よく見るとイギリスは線対称とはいえないね。

C：スイスは左右や上下だけじゃなくて，斜めに折ってもぴったりと重なるよ！

C：スイスは線対称で，しかも対称の軸が4本もあるってことかな。

C：スイスは「大あたり」だ！

T：今日のくじ引きで，「あたり」はどんな国旗でしたか？

C：1本の直線で折ったときに模様がぴったり重なる，線対称になっていたよ。

C：スイスは対称の軸が4本もあって「大あたり」だった。

C：ほかにも線対称な国旗っていっぱいあるんじゃないかな。

T：自分でいろいろと調べてみても楽しいね。

深い学びのポイント

くじを増やすことで，発展的な課題に取り組ませています。似て非なる形について考える過程で線対称の定義を振り返り，理解を確かなものにしています。

イギリスの国旗は点対称な形になっています。もしここで子どもからそのような視点が出たら，ぜひ次時以降につなげていけるとよいですね。

大あたり！がおもしろいですね。

本授業の最終板書

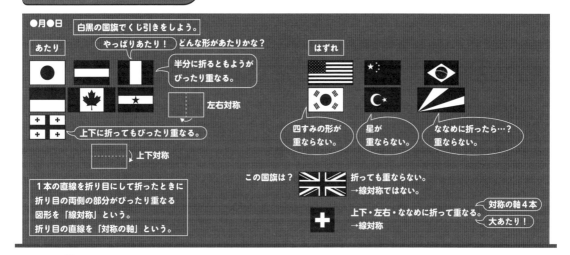

授業を振り返って

今回の実践は，社会科で学習して親しみのある国旗を題材にしました。国旗は白黒にすることで，「色」という情報を取り除いて考えやすいようにしました。図形の概念形成の導入ではくじ引き方式の授業をよく行っていますが，子どもたちはいつも楽しそうに臨んでいます。

本時では，線対称な図形を正しく理解するために，韓国やイギリスの国旗のような線対称に似て非なるものを扱うことが重要だと考えました。また，この後展開する点対称な図形の学習でも，類題としてトリニダード・トバゴとパラオの国旗を扱いました。迷いが生じるような類題を扱った際に，正しく判断できた子どもの満足そうな表情が印象に残っています。また，家庭学習で，ほかの国々の国旗や国旗の由来について調べてくる子どもも現れ，とても感心しました。

トリニダード・トバゴ

パラオ

盛山からのコメント

この授業のポイントは，2段階の展開になっていることです。最初の段階では線対称な図形を分類しながら，子どもたちと一緒に線対称な図形の定義をつくっていきます。そして2段階めでスイスとイギリスの国旗について検討することで，線対称な図形の定義を振り返り，その理解を深めています。対称の軸の多いスイスの国旗を「大あたり」としているのもおもしろいですね。

この授業では「国旗自体の形」ではなく「国旗の模様」に着目して対称な図形について考えています。国旗の形である長方形や正方形，またその他の一般的な形については，次時以降に扱い，しっかりと対称の定義をおさえなおしたいですね。

執筆者名 ▶ 青山　辰熊

6年 比
「いつも飲んでいるカルピスの味」

カルピスの原液と水の量の割合に着目して比で表し、量が違っても同じ比で表すことができることを知る。

統合的な見方・考え方をうまく働かせている授業！

[本時における数学的活動]

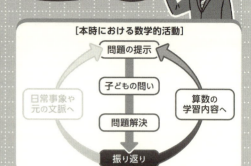

用意するもの　カルピスの原液，水，計量カップ，ボウル，紙コップ

☑ 授業展開

本時は、比と比の表し方を学習後に、等しい比（同じ割合の比）の学習として行う。

● 問題の提示

T：今日はカルピスを用意しました。飲みたい人はいますか？
C：はい！
C：おいしい？
C：おいしい。いつも飲んでいるカルピスの味がする。
T：今日はこのカルピスを使って勉強をします。
●カルピスは原液と水でつくるということをおさえる。
T：今飲んでもらったカルピスは、この計量カップを使ってつくりました。カルピスの原液をカップ1杯分入れたのですが、水はカップ何杯分入れたと思いますか？
C：いつも原液の倍くらいの水を入れてつくっているから、カップ2杯分かな。
C：もっと水を入れていると思う。3倍の3杯だと思う。
T：実は、これはカップ1杯分の原液にカップ4杯分の水を入れてつくりました。
T：これを比で表すと、どのようになりますか？
C：1：4です。

 盛山からのコメント

日常生活にある身近なカルピスという題材を使うことで、子どもの興味をひいています。
味を根拠に比を考えていく授業です。カルピスを子どもに飲ませることには配慮が必要なため、実際に飲ませるのは難しいかもしれませんが、おもしろい取り組みですね。

既習である比を使っておさえています。

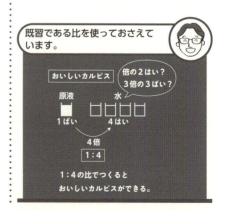

1：4の比でつくるとおいしいカルピスができる。

116

T：1：4の比でつくると，おいしいカルピスができるんだね。

● 子どもの問い

T：実はこのカルピスをつくる前に，原液と水の比を間違えて失敗作をつくってしまいました。

T：この失敗作を飲んで味の感想を言ってもらいましょう。

C：カルピスの味が濃くてすごく甘い。

T：今の感想を聞いて，この失敗作は㋐，㋑どちらの比でつくったカルピスか分かりますか？

| ㋐原液と水　4：1 | ㋑原液と水　1：8 |

失敗作の比を考えることで，子どもの問いを生み出すよい問題です。味から比を考えさせているのもよいですね。

C：㋐の4：1。

T：どうして㋐だと思うの？

C：カルピスの味が濃いってことは原液の量が多いってことだから。

C：おいしいカルピスとは逆の比だね。だから濃い。

T：そうです。このカルピスは㋐の比でつくった失敗作です。濃すぎるから，もうおいしく飲めないね。残念。

C：水を入れればおいしくなるよ。

T：どういうこと？

C：失敗作には原液の$\frac{1}{4}$しか水が入っていないでしょ。もっと水を入れればおいしいカルピスになるよ。

T：では，みんなで失敗作をおいしいカルピスにしよう。

原液をカップ4はい分入れたとき，水を何はい入れるとおいしいカルピスになりますか。

失敗作を1：4の割合のカルピスに修正するという活動が深い学びにつながります。

● 問題解決

◆自力解決の時間をとる。

T：水を何杯入れればよいか分かりましたか？

C：16杯です。

T：どうして16杯か説明できますか？

C：おいしいカルピスは原液の4倍の水を入れています。原液を4杯入れているから，水は4倍の16杯入れればおいしくなるよ。

C：比で表すと，原液4杯と水16杯だから4：16。

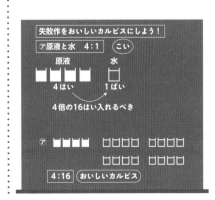

T：では実際に水を入れてつくり直してみましょう。

◆**失敗作にはカップ1杯分の水が入っているので，15杯分の水を入れる。**

◆**子どもに飲んでもらい，感想を言ってもらう。**

C：濃すぎない。おいしいカルピスの味になった。

⑦原液と水　1：8

T：⑦の比でつくったカルピスはどんな味だと思う？

C：水の量が多いから，薄くておいしくないと思う。

T：この失敗作も，みんなならおいしくできる？

C：原液がカップ1杯なら，水はカップ4杯でいいよ。

T：そうですね。⑦はカップ1杯分の原液にカップ8杯分の水を入れてしまいました。

C：水が多すぎるけど，入れた水は減らせないよね。

C：原液を増やせばいいんじゃない？

C：原液を増やして2：8にすれば，水の量が原液の4倍になるよ。

C：あと1杯分，原液を入れればいいんだね。

T：そうですね。これで⑦の失敗作も，おいしいカルピスにすることができますね。

⑦の失敗作だけでなく，⑦の失敗作も1：4の割合に修正することで，同じ割合のものをいろいろな数の比で表すことができるという統合の場面につなげています。

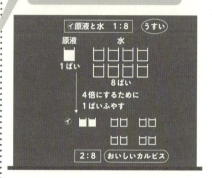

○ 振り返り

T：どうすればおいしいカルピスをつくることができるか分かりましたか？

C：原液の4倍の水を入れればいいよ。

C：水のカップの数は，いつも原液のカップの数の4倍になっているよ。

C：カップの数は違うけど，原液と水の割合は全部同じなんだね。

深い学びのポイント

すべて4倍になっている，同じ割合になっているということを，子どもに気づかせ発表させています。子どもが統合的な見方・考え方を働かせています。

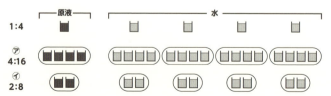

T：そうですね。1：4と4：16と2：8は，全部同じ割合を表す比です。

C：だから全部同じ味のおいしいカルピスになるんだ。

本授業の最終板書

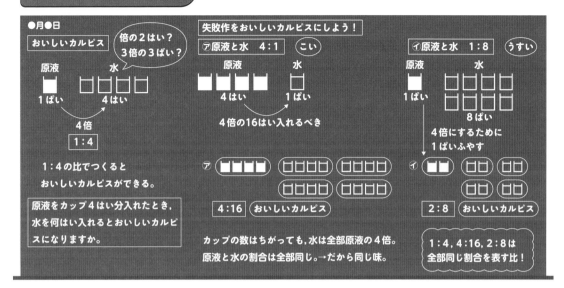

授業を振り返って

　子どもにとって身近な素材であるカルピスを使った授業を行うことで、算数をより身近なものに感じてほしいと思い、この授業を構成しました。また、失敗作をおいしいカルピスに修正する活動を通して、比の意味を考えることができました。修正した後に、実際に飲んで味を確かめることで、量が違っても同じ割合でつくれば同じ味になる、だから1：4も4：16も2：8も同じ割合を表す比だと実感できたのではないかと思います。

　「比」の単元の最後にもカルピスを使った授業を行いました。発展問題で、「カルピスの原液と水を1：4として1人あたり200mLのカルピスをつくります。クラス全員分のカルピスをつくるには、カルピスの原液と水が何mL必要でしょう。」という問題に取り組みました。子どもたちは、本時の授業を思い出しながら楽しんで取り組んでいました。

盛山からのコメント

　日常にある身近な題材を問題として扱いながら、授業の最後に振り返って、統合的な見方・考え方を働かせる授業です。

　2つの量の割合に着目し、失敗作をおいしいカルピスにつくり直すだけでなく、つくり直したカルピスの原液と水の量を見て、子どもに気づいたことを発表させています。そこで、おいしいカルピスと、つくり直したカルピスは「水の量が原液の量の4倍になっている」という点では同じだということに気づかせ、すべての比が、同じ割合を表していることを教えています。子どもたちが統合的な見方・考え方を働かせて新しい知識を身につける授業になっています。

執筆者名 ▶ 西山 渉

6年 場合の数
「できる三角形は何通り？」

振り返ることで，新しい見方・考え方が生まれる授業！

授業のねらい：三角形ができる場合を，落ちや重なりがないように考えることで，よりよい整理の方法について考える。

用意するもの　色画用紙でつくった6cm，8cm，10cm，12cmのテープ（掲示用は各テープを複数本，作業用は各テープを3本ずつ児童数分用意）

授業展開

本時は，「場合の数」の導入として行う。

●問題の提示

> 6cm（緑），8cm（青），10cm（黄），12cm（赤）の4種類の長さのテープを使って三角形をつくります。何通りの三角形ができるでしょう。

●同じ長さのテープを何本使ってもよい，1つの辺に1本ずつ使うなどのつくるときの約束を決める。

T：いくつぐらいできそうですか？
C：たくさんできそうだな。
C：調べてみないと分からないな。

●子どもの問い・問題解決

T：どうやったら調べられそうですか？
C：種類がたくさんあるから，整理して考えたいな。
C：まずは正三角形から考えたらいいかも。
T：なるほど。そうですね。どのように考えたら見つけやすいかを考えることも大切ですね。

> できる三角形を整理して考えよう。

●テープを配付し，自力解決の時間をとる。
T：全部で何通りの三角形ができましたか？

盛山からのコメント

三角形をつくるときの約束が黒板で確認できるようになっています。

子どもの発言をめあてにしているのがよいですね。

C：20通りです。
C：わたしは19通りになりました。
T：19通りできるという意見と20通りできるという意見が出ましたね。
C：三角形の種類ごとに，何通りできるか考えていけばいい。

子ども同士の考えや結論にずれが生じたとき，どちらが正しいのかという問いが生まれます。
できる三角形の数は19通りなのか20通りなのか，子どもが考えてみたくなる練られた問題場面です。

● 振り返り

●できる正三角形を考える。

C：正三角形は4通りできます。
T：どのように考えましたか？
C：それぞれのテープを3本ずつ使えばいいから，4通りできます。

できる三角形ごとに見やすく板書されています。

●できる二等辺三角形を考える。

T：どのように整理していきましたか？
C：ぼくは，まずはじめに2辺を決めて，それから底辺を変えていきました。
C：わたしは，底辺を固定して考えました。
T：この2つの整理の仕方に共通することはありますか？
C：どちらもどこかの辺を決めてから考えています。
C：1か所を固定すると，考えやすいです。
C：途中からは式で考えました。
　底辺の色を固定すると，残りの辺は，3種類のテープから選ぶことになります。つまり，1色につき3通りあって，それが4色あるから，3×4＝12で，12通りです。
T：すごいですね。整理の仕方を考えたら，式でもできましたね。
C：ちょっと待ってください。二等辺三角形は12通りではありません。できない場合があります。
T：できないってどういうこと？
C：6cmのテープが2本と，12cmのテープが1本では，二等辺三角形はできません。

深い学びのポイント

統合的な見方・考え方を働かせるよい発問です！
「1か所を固定すると考えやすい」ということを価値づけています。

できない場合がある問題にすることで，2辺の長さの和が，残りの1辺の長さと等しいか，それより短いと三角形が成立しないということに気づきます。
子どもたちの三角形の意味理解を深めることになります。

T：なるほど，できない場合がないか実際に確かめることが大切ですね。

C：式で考えると，3×4＝12，12－1＝11で，二等辺三角形は全部で11通りできます。

◆3つの辺の長さが違う三角形を考える。

C：3つの辺すべてに違う長さのテープを使えばいいね。

T：では，「1か所を固定すること」や「できない場合がないか確かめること」に気をつけながら，整理してみましょう。

C：ぼくはまず底辺を赤色にして考えました。

T：なるほど，底辺の色を固定するアイデアですね。

先ほど価値づけた「1か所を固定すると考えやすい」ということを活用して振り返っています。

C：じゃあ，次は黄色を底辺にしてみます。

C：あれ？　同じものがあるよ。

C：向きが違うだけで，これは同じ形だね。

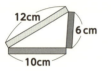 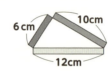

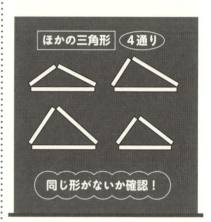

C：同じ形がないか確かめることも大切だね。

C：同じ形がないように考えると，全部で4通りできます。

C：4種類のうち，1種類のテープを使わないということだから，4通りしかできないね。

T：では，できる三角形は全部で何通りありますか？

C：正三角形が4通り，二等辺三角形が11通り，3つの辺の長さが違う三角形が4通りなので，全部で19通りです。

T：できる三角形の数を調べるときは，どのように考えればよかったですか。

C：1か所を固定して考えると分かりやすかったよ。

C：同じものがないかを確認したり，できない場合がないかも考えたりしなければいけないね。

深い学びのポイント

「1か所を固定する」，「同じものがないかを確認する」というのは場合の数の本質です。
見方・考え方でまとめているのがとてもよいですね。

本授業の最終板書

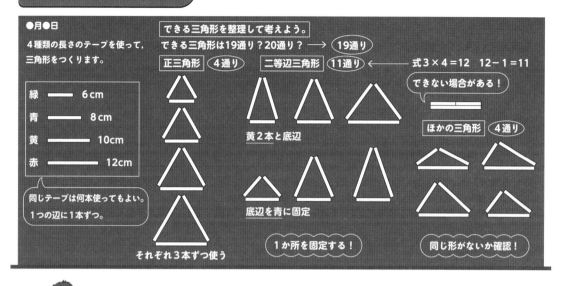

授業を振り返って

　　　本教材は3年生「三角形」の学習内容を，6年生「場合の数」にアレンジした教材です。この教材では，4種類のテープを並べて，何通りの三角形ができるかを考えていきます。何通りもある場合には，やみくもに調べても煩雑になってしまいがちですが，三角形の形に着目することによって，整理する糸口をつかんでいくことができます。

　　また，テープの長さによって，できない二等辺三角形があるのもポイントです。単元が進むにつれ，子どもたちは安易に式などで何通りあるか調べていき，できない場合を見落としてしまいがちです。そこで，できない場合のある問題を，単元の導入で扱うことにより，さらに一歩踏み込んだ見方を身につけることができると考えます。

盛山からのコメント

　　　自力解決で出した結論が19と20に分かれたことで，子どもたちの中に問いが生まれたところがおもしろいですね。できる三角形の数が19と20どちらなのかを確認するために，場合に分けて全員で考えて検証していく授業の流れです。

　　整理して考えることを自力解決と集団解決の両方でやっていることになりますが，集団解決をすることで，式で表す考え方や，1か所を固定する，同じものがないか確かめるという考え方を全体で確認することができます。個人で取り組んでいる子はいますが，それを新しい考え方として全体で価値づけ，おさえることが大切です。

　　検証する際に子どもたちから出てくる，「1か所を固定して考える」，「同じものがないか確かめる」という考えは，場合の数の本質です。その本質を全体で共有できる，場合の数の導入の授業です。

学級を盛り上げる算数パズル

6年生の「分数のかけ算」の学習の中で取り組んだ「分数カード」を使ったパズルをご紹介します。

右の図のように $\boxed{\frac{1}{2}}$ から $\boxed{\frac{8}{9}}$ までの真分数を36枚のカードにしました。このカードを使って，分数のかけ算の式をつくります。

問題①

$\boxed{\frac{1}{2}}$ $\boxed{\frac{1}{3}}$ $\boxed{\frac{2}{3}}$ の3枚のカードを□にあてはめてかけ算の式をつくりましょう。

$\boxed{} \times \boxed{} = \boxed{}$

答えの例 $\frac{2}{3} \times \frac{1}{2} = \frac{1}{3}$

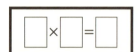

問題②

$\boxed{\frac{1}{2}}$ から $\boxed{\frac{6}{7}}$ までの21枚のカードをすべて使い，かけ算の式を7種類つくりましょう。

$\frac{2}{5} \times \frac{1}{2} = \frac{1}{5}$　　$\frac{4}{5} \times \frac{3}{4} = \frac{3}{5}$

$\frac{1}{4} \times \frac{4}{7} = \frac{1}{7}$　　$\frac{3}{7} \times \frac{2}{3} = \frac{2}{7}$

$\frac{6}{7} \times \frac{5}{6} = \frac{5}{7}$　　$\frac{4}{6\frac{2}{3}} \times \frac{2}{4\frac{1}{2}} = \frac{2}{6\frac{1}{3}}$

$\frac{3}{6\frac{1}{2}} \times \frac{1}{3} = \frac{1}{6}$

問題③

$\boxed{\frac{1}{2}}$ から $\boxed{\frac{8}{9}}$ までの36枚のカードをすべて使い，かけ算の式を12種類つくりましょう。

$\frac{8}{9} \times \frac{7}{8} = \frac{7}{9}$　　$\frac{5}{9} \times \frac{1}{5} = \frac{1}{9}$

$\frac{5}{7} \times \frac{4}{5} = \frac{4}{7}$　　$\frac{3}{7} \times \frac{2}{3} = \frac{2}{7}$

$\frac{6}{7} \times \frac{1}{6} = \frac{1}{7}$　　$\frac{5}{6} \times \frac{2}{5} = \frac{2}{6\frac{1}{3}}$

$\frac{5}{8} \times \frac{3}{5} = \frac{3}{8}$　　$\frac{4}{9} \times \frac{3}{4} = \frac{3}{9\frac{1}{3}}$

$\frac{6}{9\frac{2}{3}} \times \frac{1}{3} = \frac{2}{9}$　　$\frac{2}{4\frac{1}{2}} \times \frac{1}{2} = \frac{1}{4}$

$\frac{6}{8\frac{3}{4}} \times \frac{4}{6\frac{2}{3}} = \frac{4}{8\frac{1}{2}}$　　$\frac{2}{8\frac{1}{4}} \times \frac{3}{6\frac{1}{2}} = \frac{1}{8}$

※問題②③の答えは例

この分数カードをワークシートとともに数セット準備して教室内に置いたところ，関心がある子どもたちが休み時間に熱心に取り組んでいました。家に持ち帰って挑戦したいと言ってきた子どもも多くいました。問題② 問題③ の答えとなる組み合わせはほかにもあるようで，まだまだ研究しがいのある教材だと思います。

(盛算研)

おわりに

「故郷の鳥取に算数の研究会を立ち上げたいけど，力を貸してもらえないかな？」

光栄にも盛山先生に声をかけていただいたのが，2011年の寒い冬のことでした。そして，「山陰の算数教育を盛り上げる研究会」として，「盛算研」はつくられました。

スタートは2011年4月。鳥取県内・島根県内の公立小学校に勤務する8名の先生が集まり，年間10回の勉強会を開くことにしました。「盛山先生のように，子どもたちがいきいきと輝く算数授業がしたい」と，盛山先生への憧れがあった私は，共に学べる喜びを感じながらも，自分自身の授業力を高めるために必死に学んだことを思い出します。「志の算数授業研究会（志算研）」が，盛算研と時期を同じくして立ち上げられて，同志がいることは，「山陰も負けていられない」という大きな励みになりました。

発足当初は，盛山先生も2か月に1度は，山陰に足を運んでくださいました。私たちの拙い実践に対して的確なアドバイスをしてくださり，様々な具体的事例を紹介しながら授業づくりで大切にしていることを分かりやすく教えてくださいました。また，「盛算研特別講座」を開催したのも盛山先生からのご提案でした。正木孝昌先生，白石範孝先生，坪田耕三先生，細水保宏先生を山陰にお招きし，ご講演いただく機会を得ました。盛山先生のおかげで，すばらしい実践家の先生方からお話をうかがうことができ，私も含め参加された先生方にとって，大きな学びになりました。盛算研で継続して学んできた時間は，自分自身の成長へと繋がり，同じ思いをもった仲間と学ぶ楽しさを実感することができました。この時間は，私たちにとって，かけがえのない財産となっています。

私は，盛山先生のことを，人としても教師としても尊敬しています。盛山先生の授業から学ぶことで，子どもの発言に耳を傾け，その発想の源を考えるようになり，自分自身の算数授業が大きく変わりました。何より算数の授業で，子どもたちの笑顔が見られるようになり，算数の授業をすることが楽しみになってきました。これも，盛算研で関わらせてもらった方々や共に学ぶ素敵な仲間たちとの出会いがあったからだと思っています。

本書の授業実践は，学習指導要領改訂のポイントである「主体的・対話的で深い学び」の視点からの学習過程を意識しています。盛算研のメンバーが書いた原稿は，盛山先生が1本1本丁寧に読んで，具体的に価値づけてくださっています。光文書院の矢野太郎様，山口菜美様，呉千春様には，盛山先生と共に歩んできた盛算研の7年間の学びを，すばらしい書籍としてまとめていただき，感謝の気持ちでいっぱいです。本当にありがとうございました。本書が，盛算研のメンバーと同じく，目の前の子どもたちの笑顔と成長のために，日々奮闘されている先生方のお役に立つことができれば嬉しく思います。

2018年7月　盛算研　代表　田中径久

【編著者，著者紹介】

■編著者

盛山　隆雄　　筑波大学附属小学校教諭

1971年鳥取県生まれ。学習院初等科教諭を経て現職。

全国算数授業研究会理事，日本数学教育学会研究部幹事，志の算数教育研究会（志算研）代表，小学校学習指導要領（平成29年告示）解説算数編協力者，教科書「小学算数」（教育出版）編集委員。

2011年10月「東京理科大学第4回数学・授業の達人大賞」を受賞，2012年7月志の算数教育研究会（志算研）として「第61回読売教育賞　最優秀賞（算数・数学教育）」を受賞。

■著者一覧（盛算研）

田中　径久　　島根大学教育学部附属教育支援センター准教授
青山　辰熊　　鳥取県米子市立淀江小学校教諭
中尾　祐子　　島根県出雲市立大津小学校教諭
西山　渉　　　鳥取県米子市立義方小学校教諭
水　　華子　　島根県雲南市立掛合小学校教諭
桑原　憲生　　鳥取県米子市立啓成小学校教諭
桑原　麻里　　宮崎県宮崎市立大淀小学校教諭
岡本　純孝　　鳥取県米子市立淀江小学校教諭

子どもがわかる！たのしい！算数授業

数学的活動を通した深い学びのつくり方

©Takao Seiyama, Seisanken

平成30年7月30日　　第1版第1刷発行

編著者─────────盛山　隆雄
著者──────────盛算研
発行者─────────長谷川　知彦
発行所─────────株式会社光文書院
　　　　　　　　　　〒102-0076 東京都千代田区五番町14
　　　　　　　　　　電話 03-3262-3271（代）
　　　　　　　　　　https://www.kobun.co.jp/
デザイン・イラスト──広研印刷株式会社

2018　Printed in Japan　ISBN978-4-7706-1087-4
＊落丁・乱丁本は，送料小社負担にてお取り替えいたします。

18-1